Marie Chantal Belletti

LES AVENTURES DE SAM LE HONGROIS

Marie Chantal Belletti

LES AVENTURES DE SAM LE HONGROIS

LES AVENTURES DE SAM LE HONGROIS

Éditions Muse

Imprint

Cover image: https://www.ingimage.com/

Publisher:
Éditions Muse
is a trademark of
Dodo Books Indian Ocean Ltd., member of the OmniScriptum S.R.L Publishing group
str. A.Russo 15, of. 61, Chisinau-2068, Republic of Moldova Europe
Printed at: see last page
ISBN: 978-620-3-86605-6

LES AVENTURES DE SAM LE HONGROIS

Bonjour à tous je me surnomme Sam je vie en Hongrie quartier du 5ème arrondissement : C'est le quartier chic et donc le plus cher de Budapest autour du Parlement hongrois et voisin de tous les ministères. Mes parents sont tous les deux chercheurs, dans le Parfum et les cosmétiques nous vivons dans la simplicité Maman en plus de son travail de chercheurs elle s'occupe des personnes défavorisées Voici mon aventure pour retrouver mes Parents Par ce livre je vous raconte ce qui m'est arrivé et comment j'ai quitté la Hongrie sans mes frères et sœurs ARPAD, BEMCE, MATE, ADAME) THIMEA, BELLA. Voici ma vie, mes drames, mes pleurs et ma joie, les mensonges dans ce livre

Bonjour les Amies

je me présente je suis un chiot Beagle pure race je suis né le 21/02/2020 en Hongrie, j'ai quatre frères voici les prénoms (ARPAD, BEMCE, MATE, ADAME) et mes deux sœurs qui s' appellent (THIMEA, BELLA) nos parents était des chercheurs Dans les produits de beauté et dans les parfums ce sont des chercheurs Internationaux qui parcourrais le monde à la recherche de plantes et de fleurs très rares pour concevoir cette richesse qu'apporte aux parfums ou aux cosmétiques cette pureté pour cela ils parcourent le monde entier et pour faire connaitre leurs nouvelles inventions Nous vivions dans une superbe propriété, avec des domestiques nous avions tout pour être heureux moi j'étais le petit derniers SAM, j'ai beaucoup de copains , je rentrais seul de l'écoles. Apres l'école Maman me préparer un goûter j'avais du lait et parfois de bonnes crêpes faites maison, et après je faisais mes devoirs c'était très important, maman ou papas m'aidaient si je n'y n'arrivais. Une fois fini, je demandais la permission d'aller jouer avec mes copains souvent mes parents disaient oui à une condition de ne pas faire de bêtise. Je suis le plus joueur et je suis aussi Monsieur Catastrophe Têtue, Mes frères et sœurs ont eu une éducation très stricte, mais pas trop. Mon frère ARPAD faisait des études de Médecine, BENCE était Artiste, MATE était Poète et ADAME était Dentiste, et mes deux sœurs THIMEA et BELLA étaient passionnées de lecture, et de photo elles sont vraiment très drôles elles me font rire. Nous avons de la Famille dans toute l'Europe. En Australie j'ai un cousin qui se surnomme Noé, il vit maintenant au Canada tout comme un autre cousin qui s appel Niort, en France un autre cousin qui s'appelle Skipouny vit sur la côte d'Azur avant il vivait en Australie mais la vie là-bas était très dure c'est pour cela qu'il est venu en France. Nos parents nous ont annoncer suite à un courrier qui il viennes de recevoir, l'arrivée de nos cousins pour passer des vacances ils viennent pour un mois, je suis content et heureux cela fait deux ans que je ne les ai pas vues. Mais, Parents m'ont dit : Sam je compte sur toi pour être sage et tu dois aider tes frères et sœurs à préparer les chambres d'amies. Apres cette bonne nouvelle j était heureux, c'était la fête, et surtout j'allais voir Skippy mon cousin d'Australie. La journée elle passe on c'est bien amuser papa nous a raconté des histoires et nous partons dormir, mais j'étais tellement heureux tout comme mes frères et sœurs : impossible de dormir, j'étais trop impatient de voir mes cousins. Le lendemain ces membres de la famille sont arrivés nous étions fort heureux surtout moi. Skippy faisait des études de médecine, au cours de la conversation, il nous a annoncé, qu'il les avait arrêtés faute de moyen, il faut savoir que Skippy continuait la faculté de médecine et que malgré ses 4 travaux à côté, il n'y 'arrivait même plus : le loyer était trop cher malgré une colocation. Sam (moi) coupa la conversation pour demande quel travail tu fais cher cousin, Sam s'est fait vivement gronder : c'est inadmissible de parler sans demande la permission lui dit son père, Skippy fit savoir qu'il était devenu détective privée toute la famille en fut surpris et on lui posa la question pourquoi et comment. C'est un ami détective que j'ai rencontré qui m'a demandé de travailler avec lui et devenir plus tard son associé et j'ai dit oui. Et tes parents il n'ont pas pu t'aider demanda maman non répondit notre cousin car ils ont perdu toute leur

Fortune et c'est pour cela que j'ai accepté cette proposition, afin de retrouver la personne qui a volé mes parents, Sam était heureux d'avoir un cousin détective. Et toi Noé comment que tu vas ?

Je vais très bien Tata,

Comment se passe tes études

Très bien je fais des études pour devenir Banquier comme ton père et ton oncle oui nous voulons être banquier de Père en Fils comme Grand Père et ta maman elle va bien elle viendra te voir très bientôt sont travail lui prend tout son temps elle travaille dans l'enseignement elle et institutrice A oui ces biens tu voies Sam, écoutes bien ce que la maitresse te dit ses très important pas vrai Noé ?

Oui Tata je suis d'accord et si tu veux maman pourra te donner des cours Sam ne répond surtout pas je veux être comme mon cousin détective privé, affronté à tous les dangers de la vie,

Alors Niort et toi comment que vas-tu ?

Moi je vais très bien Tonton tes parents vont bien, oui ils vont très bien Papa voyage pour trouver la plus belle orchidée très rare, et Maman le suis elle recherche des Papillons d'une telle rareté et en plus les parents sont très fiers de leur fils tu fais quoi comme étude ? Je fais des études d'avocat cela c'est très bien comme cela si Skippi fait des bêtises je pourrai toujours le défendre Oui Tonton.

Sam dans une conversation dit tout haut quand nos parents : Noé pose la question à Tonton et Tata qui garde la maison et quand vous partez en voyage professionnel c'est Arpad

Comment Sam vie cela, il faut lui demander à notre petit Sam. Arpad est dur mais aussi très gentil il me laisse faire tout ou presque ce que je veux, Aujourd'hui j'ai décidé de faire ma première aventure comme détective j'ai demandé à mon cousin une première leçon et j'ai adoré. J 'espionne ELISA et BELLA qui partent en douce dans le jardin, je les soupçonne d'avoir des copains je sais que mes sœurs détestent que je les regarde. ELISA et BELLA m'ont vu j'étais caché derrière un arbre du jardin et là je me suis fait disputer je suis puni Mes parents étaient furieux je suis allé au lit sans manger, pas un câlin, et pas de gratouille moi qui aime ça. Pas d'histoire rien je suis juste puni. Mes frères de leur côté étaient dans le bureau avec les parents et mes autres cousins, ils parlaient travail, mais moi je voulais m'amuser. La journée passe tranquillement, le soir on mange dans le grand salon et je dis bonne nuit à tout le monde, Maman me dit Sam tu n'oublies pas de te brosser les dents

Sam répondit non maman, je monte te voir dans 5 minutes pour te raconter une histoire

Aujourd'hui c'est une nouvelle journée, Mes parents au petit déjeuné nous ont annoncé qu il devaient partir en France pour 1 an on leurs a offert un poste important et c'est ARPAD qui allait nous garder et il faillait êtres très gentils avec lui, bien écouter tout ce qui va dire et en plus ils ont rajouté Sam je veux que tu écoutes tout ce que l'on te dit et que tu sois un petit chien obéissant. J'ai répondu : oui maman c'est ARPAD le chef de famille. Mes parents m'ont fait une dernière leçon de moral mais tout va bien, tu comprends Sam

Oui Maman et Papa vous allez partir.

Sam on part demain matin, les Enfants je vous donne notre adresse et certains documents : l'autorisation pour retirer de l'argent à la banque de toute façon la banquière est au courant, on vous laisse la carte bleue cette carte est internationale, donc vous n'aurez aucun problème, mes frères et sœurs ont remercié Maman, et si vous avait un gros problème continua Maman vous pourrez contacter tante Agate, elle n'habite pas loin de chez nous. Sam ne l'aimer pas du tout, elle est bizarre et elle nous a toujours caché des choses. Surtout les Enfants quoi qu il arrive vous n'ouvrez la porte à personnes et surtout les documents et autres papiers qui arrivent vous les cacher après en avoir pris connaissance est-ce bien compris ? Et faites attentions : il ne faut pas oublier que nous sommes des chercheurs,

La journée passe et les parents ont préparé toutes les affaires, puis ils vont se coucher plus tôt, ils nous disent au revoir car demain quand on va se réveiller ils seront déjà partis, mais le soir avant le départ des parents j'ai aperçu des personnes qui surveillaient notre maison et j'ai trouvé tous cela bizarre. J'ai appelé mes parents mais ils n'ont rien vu, il mon dit que c'était mon imagination. Mais je sais que ce n'était pas une illusion, il se passait vraiment quelque chose de bizarre.

Le soir arrive tout le monde est parti se coucher moi Sam j'ai décidé en douce de me lever et ne pas faire de bruit pour monter la garde dans la maison, entre temps je suis allé à la cuisine me faire un sandwich et une part de gâteau, il me faut bien cela pour la nuit, je suis très gourmand et garder notre demeure avec l'estomac vide cela ne se fait pas trop. j 'avais tellement mangé que je me suis endormi et quand tout le monde c'est lever ils m'ont demandé ce que je fessais là, j'ai répondu que je voulais surveiller la maison et les parents étaient partie sans me réveiller.

Les parents ont pris l'avion a 5H30 Heure de Budapest l'avion qui part sans correspondance entre Budapest et Paris décolle de l'aéroport international de

Ferenc Liszt (BUD), situé à 17 km au sud-est de la ville, pour une arrivée à 14 km au sud de la capitale, à l'aéroport de Paris Orly. Après deux heures d'avion mes parents sont bien arrivés à Paris, ils ont pris un Taxis il y avait un appartement qui leur avait été attribué à Montmartre un Atelier d'artistes transformé en loft. Nos parents nous ont téléphoné pour nous faire savoir qu'ils étaient bien arrivés à destination, entre temps, nous avons eu de la visite trois personnes qui ont sonné à la porte. Mon frère ARPAD leur a ouvert, ils nous ont dit qu ils voulaient savoir où étaient nos parents, soi-disant qu'ils devaient récupérer un petit colis.

Mon frère leur a déclaré que nos parents étaient absents. Qu'ils étaient à Paris pour le travail, il n'avait aucun paquet Les trois hommes sont rentrées de force et ils ont tout cassé dans la maison et ils ont emmené mes frères et sœurs. Entre temps mes cousins m'ont pris avec eux pour aller visiter la ville, acheter des souvenirs et des cadeaux. Ils m'ont acheté un os, j'étais content.

De retour de la promenade, avec les cousins nous avons vu qu il y avait un problème la porte cassée, tout détruit dans la maison et nous avons trouvé un papier, marque que mes frères et sœurs avaient été enlevé. Skipouny m'a dit Sam il faut être courageux sur quoi travailler tes parents ? Je ne sais pas ils ne nous ont jamais rien dit. Où se trouvent tes parents Sam ? Mes parents ils se trouvent à Paris précisément à Montmartre. Alors Sam voilà ce que nous allons faire Noé et Niort vous rester ici, Sam toi tu viens avec moi, tu prends tous les papiers que tu as de toi, plus la carte bleue et l'autorisation de prélever de l'argent qu'ils t'ont fait, les photos de tes parents, l'adresse du laboratoire de recherche où travaillent tes parents, le lieu d'hébergement retenu à Paris par eux, une valise avec des vêtements.

Avant de partir pour la France mon cousin fait un plan pour commencer ses recherches, il contacte des indics & associés, pour qu'ils fassent le nécessaire pour notre arrivée et qu'entre-temps ils mettent tout en ouvre pour commencer les recherches. Mais de plus, une des trois personnes appelle et demande à parler a Sam, il prend l'appel et il lui donne une adresse avec les consignes lui disant qu'une des trois personnes a torturé ARPAD, puis BEMCE, suivi de MATE, et ensuite ADAME comme ils ne savaient rien ils s'en sont pris et laisser pour mortes THIMEA et BELLA toujours aucune réponse. Quand Sam et arrivé avec Skippy au rendez-vous l'entrepôt était vide par contre Skippy a retrouvé morts mes frères et sœurs ils avaient été torturés. Sam était effondré il pleura longuement et déclara a skippy qu il allait se venger. Ils rentrent à la maison ils apprennent la mauvaise nouvelle à Niort et à Noé.

Le lendemain Skippy et Sam décident de partir en France ils retiennent un vol pour Paris, l'après-midi ils prennent l'avion, arrivés à destination parisienne ils se rendent à l'adresse que les parents leur avaient donnée, mais surprise il n'y a personne. Sam frappe à la porte des voisins et leur demande s'ils ont vu ses parents, une dame répond : oui mon petit, comment t'appelles-tu ? Moi c'est Sam avez-vous vu mes parents ces derniers jours ?

Oui Sam mais ils sont repartis avec trois hommes, et ils sont partis de force, on les a emmenés en voiture de couleurs rouges et pour quelle direction cela je ne le sais pas. Sam, remercie cette gentille dame.

Entre temps un mois s'est écoulé et moi Sam très frustré, je ne suis plus rentré en Hongrie , je suis allé vivre une semaine chez mon cousin Skippy son appartement étant trop petit je suis donc allé vivre chez une dame très gentille qui ce surnomme Feta, elle vit en couple c'est une amie de la Famille malheureusement je suis resté que 4 jours Féta m'a donné une adresse donc j'y suis allée de la part de cette dame j'ai sonné, et une personne ma ouverte la porte un gentil monsieur qui a lui aussi un pavillon il s 'appelle Daniel j'ai fait la connaissance de sa compagne très gentille c'est une deuxièmes maman je lui ai expliqué ce qui m'étais arrivé, ce couple m'a dit que je pouvais rester le temps qu il le faut, c'était ma deuxième maison , entre temps mes cousins Noé et Niort étant obligés de rentrer pour leur travail ils ont confié la maison en Hongrie à une voisine et amie de la famille, nous à Paris avec Skippy nous recherchons toujours nos Parents qui seraient Marseille d'après les indics de mon cousin. Départ pour cette ville, Nous louons une voiture à Paris et nous descendons incognito à Marseille durée du voyage à peu près 6H50, je ne connaisse pas la France , comme je vous les dit je viens de Hongries la France est superbe on s'est arrêté à plusieurs reprises, mon cousin téléphone a ses indics , ils ont rendez-vous au Vieux-Port de

Marseille l'un des symboles de la ville, nous arrivons à 12HOO on s'installe à une terrasse puis on part du café il connait un petit restaurant sur le vieux Port et où l'on mange, j'ai découvert la spécialité mondialement connue; une bouillabaisse avec un aïoli, c'était divin. Une fois le repas pris nous sommes repartis voir ses indics, nous avions rendez-vous et la déception est là : on nous a dit qu ils étaient en Normandie dans un petit hôtel très charmant on reste une nuit à Marseille, puis direction la Normandie on se lève à 5HOO du matin pour Caen. Suivant ses indics, il faut aller dans le centre de la ville et là il y a un entrepôt destiné à l'envoi de nouveaux parfums, Sam si cela est vrai que tes parents sont dans cet endroit il faudra faire très attention cher Sam car c'est très dangereux, impossible de contacter la Police,

Sam demande mais comment on fait pour les sauver ?

Mon cousin me répond ne t'inquiète pas je connais du monde qui me doit des services. Arrivés à Caen nos informateurs ont bien confirmé la présence dans un entrepôt des Parents à Sam, donc il est décidé de les sortir de là. Mais nous arrivons sur les lieux l'entrepôt vide, personne on est arrivés trop tard. La police arrive sur les lieux et on leur raconte tout ce qui s'est vraiment passé des personnes ayant ont enlevé les parents de Sam et ses frères et sœurs qui sont mort. Le policier nous a dit faire le nécessaire au maximum pour nous aider à les retrouver, en plus le Commissaire de police connait très bien les Parents de Sam.

Ce dernier lui demande comment connaissez-vous mes parents ?

Oh ! C'est une longue histoire plus tard je te la raconterais, pour SAM c'est encore un secret.

Sam et son cousin vont avec le Commissaire au poste de police, le petit n'était jamais rentrée dans un commissariat, il avait peur l'officier lui a fait une caresse et tout allait bien, la confiance de retour. D'après le Commissaire il y a une filière à suivre : à Lyon une nouvelle organisation est payée par des grosses entreprises concourantes et qui kidnappe des chercheurs très importants qui sont à deux doigts de trouver la perle rare. Sam demande comment on fait pour rentrer dans cette organisations secrète et où la trouvée, le commissaire Monsieur Appolon répond à Sam : surtout vous ne fait rien, il faut nous laisser faire

Oui mais se sont mes Parents.

Oui je le sais bien, justement nous avons une personne infiltrée dans cette organisation, avez-vous une photo de vos parents ?

Sam répond oui la voici

Ecoutez voici ce que vous allez faire, vous réservez une chambre dans un hôtel vous jouer les touristes, comme si rient était et moi je vous recontacte sitôt que j'ai des nouvelles cela vous convient ? Sam et mon cousin on dit oui mais c'est sûr que vous allez nous recontacter ?

Oui je n'ai qu une parole.

Une semaine passe, pas de nouvelles ce n'est que la deuxième semaine que le Commissaire de police contacte mon cousin, on doit partir au commissariat tout de suite, il a des renseignements nouveaux, malheureusement l'OPJ nous informe que les chercheurs ont été déplacés, ils se trouvent en Angleterre j'ai contacté **Scotland Yard.** Vous allez partir là-bas tout à l'heure on vous a réservé un hôtel et vos billets sont pris. On vous attend à l'aéroport, faites vite.

Récupérez toutes vos affaires. Sam est fatigué et il pleure il n'a plus que ses parents, ses frères et sœurs lui manquent beaucoup, son cousin le réconforte il lui dit qui va retrouver ses parents. Avant de partir il téléphoné à Noé et à Niort pour leur donner des nouvelles et prendre les leurs : ils vont bien par contre il se font du souci pour nous ils sont inquiets. Skippy répond que nous sommes bien entourés que la police est avec eux, alors pas de soucis et un bonjour aux Parents, je dois vous laisser car ici nous sommes surveillés. Une voiture nous attend en bas de notre hôtel et nous amène à l'aéroport de Caen pour aller à Manchester.

De là on nous attendait par des policiers, mon cousin ma fait comprendre qu'il y avait un problème il ne ressemblait pas à des officier de police, on s'est caché et l'on a réussi à partir sans se faire voir de l'aéroport, on n'a téléphoné au commissariat de Caen et on a demandé le commissaire de Police Appolon et on lui a tout raconté, il nous a donné un numéro de téléphone de l'un de ses amis Franklin, il est lui aussi détective privé, il nous a dit que nous devions l'appeler de sa part et on la fait. On a paris un taxi pour aller à son adresse on 'a sonné puis nous sommes montés, c'est une personne très gentille elle nous a demandé tout d'abord si nous avion faim et soif, nous avons dit oui il nous a même demandé si on voulait prendre une douche on lui a répondu oui, une fois le repas pris nous sommes allés à la douche, puis on lui a tout raconter, il nous a dit qu il avait entendu parler des chercheurs qui avait été enlever pour leurs travaux secrets qu'ils ne revenaient j'aimais, on les retrouvaient morts ou ils restaient toujours prisonniers dans les laboratoires.

Sam était très inquiet il a eu du mal à dormir, le lendemain Franklin avait des nouvelles, il nous a annoncé au petit déjeuner que d'après ses indics et la police il n'y avait aucun chercheur en Angleterre Sam demande comment faire alors, d'après un témoin ils auraient vue en France, donc retours case départ , entre temps Sam et Skippy passent à la banque pour retirer de l'argent alors Skippy s' aperçois que sur le tiquet il y avait une grosse somme en solde, ils décident donc de rentrer dans la banque et de demander le directeurs , Sam et Skippy attendent, entre temps le patron les aperçoit et les reçoit. De là il leur explique la situation en tant que directeur de la banque à titre eseptionnel, il dévoile que cette somme provient du Japon alors Sam demande au directeur si la véracité de cette information est récente ce dernier lui répond oui, merci Monsieur vous nous avez beaucoup aider, une foi sortie de la banque Sam demande à son cousin mais comment on va faire tu te rencontres le Japons mes comment on va faire, son cousin lui répond écoute si tu es d'accord on revient en France, on se repose et on réfléchit Sam lui répond ok pour moi donc on reprend l'avion pour Paris et 10 mon cousin me propose , que je devienne son client pour rechercher mes parent et en échange il me laisser son appartement qui se trouvait dans le 2émes arrondissement de Paris , et lui il parcourrais le monde pour les rechercher sa serrais beaucoup moins chère que de faire des recherches a deux et en plus il a une équipes et du matériel pour les recherches donc nous avons décidé de signée un contrat, nous sommes arrivé à paris je me suis installée dans son F3 entre temp je suis allée faire un petit coucou A la famille qui m'avait recueillie je leur aie expliqué toute histoire et en attendant je vivais à paris dansle 2 Arrondissement de Paris. Mon cousin reparti a son bureau toutes sont équipes était ils sont faits le Poin et là il parte pour le Japon, la Russie, la chine, ils sont repartis dans tous ses payes

Pays	Capitale

Angola	Luanda
Antigua-et-Barbuda	Saint John's
Arabie Saoudite	Riyad
Argentine	Buenos Aires

Sam était soucieux sa fessait plus d'un an qu'il n'avait aucune nouvel de ses Parents il était très inquiet, sont cousins lui donner souvent des nouvelles, voici le 24 Décembre Sam était invité à passer noël avec sa famille d'accueil, mais je vous en avais déjà parler ses le monsieur avec sa compagne très gentilles, j'ai accepté il y avait de la neige et ses mon tout premier noël sans mes frères et sœurs et sans mes parents j était triste mes pas trop nous avons chanté des champs de noël et ma tristesse était plus là je suis resté dormir chez eux et le lendemain j avait des cadeaux j était heureux une semaine sa ma fait du bien mon morale était revenue et nous avons tous ensemble préparer le repas du jours de l'Ans, c'était génial Apres le réveillons je suis repartie à paris et entre temp mon cousin avait essayer de me joindre j'avais oublié de lui donner le n de téléphone je sais je suis tête en l'air .

J'arrive à l'appartement et le téléphone sonne je décroche c'était mon cousin il ma demande ou j était pendant une semaine je lui ai dit que j'étais chez ma famille d'accueil pourquoi ? tu me demande pourquoi je me suis fait du soucis j'ai contacté la police pour te retrouver et tu me dis pourquoi Sam répondu pardon cousin, et là il me dit que aubout de 1ans il revenait en France , SAM demande quand arrivée vous, je suis déjà arrivé avec mon équipe, tes parents sont à Cannes où se trouve Canne son cousin lui répond sur la côte d azure on part demain je peux venir avec vous , non Sam tu reste à Paris j'aurais besoin de toi un peu plus tard Sam répondu d'accord mais tu me tiens au courant oui comme d'habitude , Sam était très heureux de cette nouvelle et il ne fessait pas attentions et pas prudent et en plus tête en l'air , il y a deux hommes qui ont sauné et évidement .

SAM ouvre la porte ce qui ne fallait pas faire , il se sont présenter comme Policier , évidement se sont des faux policier ils ont voulu savoir où se trouvait son cousin et comme un idiot il leur adit que son cousin partirais a Canne demain matin il devait être à l'Aéroport a

8H30 du matin; Vous voulez savoir autre chausse monsieur le policier et il sont parti Entre temp Sam téléphone à son cousin pour lui dire, qu il y avait deux policiers qui était venue à la maison, mais quel policier et de quelles brigades sont -il je ne sais pas .Sam a tu vue l EUR papier non il ne mon pas fait voir et il sont comment , il y en a un qui est un peu fort avec des cheveux poivre et sel un peu enrobé et très nerveux et le deuxième, , il et blond grand et mince SAM ce ne sont pas des vrai policier tu prends tes affaires et tu par chez les personnes qui t ont accueilli et tu restes l a bas tu ne sors pas, comment tu vas faire pour rester en contact avec moi ne t'inquiète pas Sam tu oubli que je suis détective Alors pour moi ses uns jeux d'enfants ses pour ta sécurité.Skippi arrive à Canne il fait beau et oui les Parents de Sam sont bien a Canne mes d après les indics mes ce qui ne savait pas, ils vont le découvrir ses que les Parents de Sam il ne sont pas chercheurs, ils font partie d'une organisation très secrète, et en plus cette organisation, très connu et une organisation qui enlèves les Beagles pure race pour en faire des chiens de guerres les Beagle sont très intelligents , ce sont les Parent de Sam qui sont à la têtes de ce réseaux ils ont choisi en fonctions de leurs caractère , de la couleurs de leurs poil. Et Skippi a découvert l'adresse exacte mes sauf il y a un problème il y a des chiens Beagle qui monte la garde mes notre détective a réussi avec son amie a rentrées et a s infiltres dans les lieux et là il a vu une vraie usine de guerres des 100 Ténès de Beagle à l'entrainement et il a vu les parents de Sam , un tout petit bureaux sur la droite Skippi et rentrées sans se faire voir et là il a découvert des papiers, malheureusement il on était découvert et il on était pris les parent de Sam son venue et il on dit tu vois Skippi tu as était trop curieux,, moi je suis était trop curieux mais je ne comprends pas pourquoi tu as fait sa Ses Sam qui ma embaucher comme détective pour vous retrouver et on vous trouve issis vos enfants sont morts torturer pourquoi ? Je veux des explications, tu vas les avoir et après tu vas mourir tu connais la vérité Sam , et un Beagle que nous avons adopter tout petit pardons ses pas votre fils et non il fessait partie d'une ligner de Beagle pure race ses vrais parents il était célèbre dans les concours, et quand ses parents sont morts suite à un accident je les adopter idem pour ses frères et sœurs, Sam il et trop curieux il devenait gênant donc nous avons mené cette affaire, vous pensez à Sam oui très bien et nous savons où il et en plus il a fait une découverte donc on ne peut pas le laisser en vie et tu vas mourir , entre temps il y a les collègues de Skippi qui sont la prêt à bondir il envoie un anesthésiants sur les chiens qui les fait danser et rires et il sauve Skippi et les parents de Sam sont arrêter Mais le plus dure ses d expliquer a Sam que ses uns chiens adopter Skippi de retours a paris avec toutes sont équipe a trouvé Sam , il s 'appel et ce donne rendez-vous aux bureaux, il demande a Sam que les personnes qui ont garder Sam de venir avec lui et il a accepté donc il se donnent rendez-vous le lendemain a 10Hoo pour tout lui raconter. Les lendemains il vont tousses aux bureaux de son cousins, il s'embrasse et Sam présente a Skippi les personnes qui la garder et héberger, et là il a expliqué tu sais Sam il faut que je te dise toute l'histoire de tes parents tu as été adopter tes parents d'adoption était des trafiquant de chien il t on mantie et protéger, Sam demande et maintenant ils sont où ? on lui répond-il sont en prisons alors Sam que conte tu faire maintenant. Les personnes qui on garde SAM il lui on fait une proposition Sam si tu es D'accord et tu te plais cher nous nous on te propose ses que tu restes tu as ta chambre tu vas à l'école tu fais des études et après tu voie on serra toujours là pour toi et il y a-tes seul cousins Skippi& Noé qui serra la pour toi Oui sa serra avec grand plaisir j'accepte votre propositions Et ses comme cela que Sam et rester dans la Famille Papa et Normand, et Maman et Parisienne , je suis un chien heureux J espéré que mon histoire vous a plus suivez-moi dans mon prochains Aventure

SAM & NOE AU PAYS DES DIAMANTS NOIR

avec Noé vous savez mon cousin comment on a était amener sur la piste du Diamant Noir suivez nous pour une nouvelle aventure Noé et venue avec ses Parent en France pour les vacances , il Ny a pas que pour les vacances il sont venue pour habiter, il sont acheter une vieille maison dans qui se situe dans le 93 pendant les vacances, les parents a Noé mon invité je suis resté tout le mois de Juillet et Aout entre temps, j'ai fait une école de détective privé donc j'ai eu mon diplôme je suis heureux, et on me proposer une place dans un grand cabinet et j'ai refusé fini ma liberté heureusement pour moi je veux être un indépendant et j'ai eu raisons .Revenons à notre histoire les enfants donc je suis chez les parents de mon cousin, la maison et superbe très grande spacieuse mes il y a beaucoup de travaux à faire Une grande partie de la maisons anciennes sont en pierre , mon cousin était heureux de me voir et pour lui l'aventure pouvez commencer, il m'a confier un secret que je devais pas dévoiler , il m'a amener dans une pièce de la maison , il avait découvert tout à fait parazard en enlevant une grosse pierre du mur une carte qui dévoile tous les pays , où se trouvent les plus beaux Diamants, en plus à l'intérieur du mur il y avait plusieurs document donc un qui était celer avec de la Cirre et Sam ouvrira cette lettre très ancienne , il était inscrit pour celui qui ouvrira cette lettre serra propriétaire d'une mine de Diamant qui porte ne N77964 vous devez la chercher et la trouvé ,et découvrir les villes voici plusieurs indice, une fois trouvé vous devez prendre contact avec mon notaire et vous devez remettre la preuve, comme quoi vous avait bien trouvé la mine de diamant Le 1: sont, au sud, la région de Cuddapah, . Le 2 : dans la région de Ladakh Bornéo payait un tribut de diamants à l'Empire céleste. **Le 3**: les rivières qui descendent des monts Roraima **Le 4**: les kimberlites de Murfreesboro (Arkansas) sont très célèbres **Le 5**: quelques cristaux qui auraient été découverts en Bohême et en Ecosse **Le 6**: Le bouclier australien qui, comme le bouclier brésilien, **Le 7**: Yuanjiang sur la rivière Yuan dans la province de Hunan et Yicheng au sud-est de la région **Le 8 où** alors esque vous devez chercher dans le Trésors des Pirates N'oublié pas si vous trouvé , vous êtes propriétaire et vous devenez milliardaire .La signature de la Propriétaire Bonne Chance N 77964 Sam et surpris et ravie mes il a demandé à son cousin comment que tu as fait pour découvrir cette endroit , mon cousin m'a répondu , j'ai vue tout qu il y avait au mure une pierre de la pièce qui était pas pareille, donc j'ai essayé sans me faire remarquer par les parents d'enlever cette pierre et j'ai réussi, et ses-là que j'ai trouvé cette carte avec un papier qui était inscrit ou se trouvait les diamants noires , j'ai envie de le chercher, Sam réfléchie, ok je suis partant mais tu sais il faut tout préparer , on doit ce renseignée pour le matériel prévoir notre départ, ça ne se fait pas comme cela Mon cousin répondu OK je te laisse faire d'accord alors écoute on va partir en hivers , dans certains pays ses l'été Noé de son côté a fait des recherches suivant la carte qu il avait trouvé et Sam lui il a trouvé par l intermédiaires des personnes qui connaisses et qui lui ont rendu un service des personnes qui serrais d'accord pour venir avec eu , les parents de mon cousins il sont dit d'accord mes a une conditions qu il soit accompagnées de personnes sérieuses, ils sont regardés a nouveaux cette carte, et les indices , il passais toutes la journée à faire des recherches et a trouvé les villes , Noé était passionné d'histoires, et il était très douée dans les jeux de pistes, Sam relu à nouveau les indices et là sa lui a fait tilte dans sa têtes sa **ça y est** j'ai trouvé les villes L inde,bornéo,l Amérique du sud, Amérique du nord , Europe, la chine ,l'Australie Noé demanda a Sam tu en ait vraiment sur oui j'en suis sûr a 100% mon cousin a lu dans un livre qu il y avait une légende et il était dit que raconte que le diamant est exploité depuis 6 000 ans en Inde . Historiquement, les premiers diamants sont extraits il y a 3 000 ans en Inde[14] Où ils sont trouvés uniquement dans les gisements alluvionnaires (rives des cours d'eau), donc le premier voyage qui vont faire et la direction de l'inde Le vol entre **Paris** et Bombay dure environ 12 **heures** Roissy Charles **de** Gaulle, arrivée après 12heures de vol, a la décente de l'avion il y avait une voiture qui les attendais pour les emmener à l'hôtel une foi installée il sont pris une douche, manger et dormis, le lendemain , il sont parti dans cette région avec les personnes du qui habitais dans ce pays et là il parte au sud, la région de Cuddapah, où les alluvions du Penner furent exploitées sur une centaine de kilomètres, la région de Nandyāl sur les plateaux situés entre le Penner et la Krishna, et la région de Golconde. A l'est, la région de Sambalpur, où le cours moyen de la Mahānadī était particulièrement riche, ils sont vu ses gisements, il y avait des personnes sur place et Sam a demandé avec l'aide du traducteur s'il connait l'emplacement de cette Mine qui porte de N77964 mais malheureusement il était interdit de rentrées à l intérieurs, il fallait une autorisation, ils ont décidé de repartir. Arrivé en ville ils sont été toujours avec un interprète et leur guide de confiance c'était un ancien (chercheur d'or) il les a conduits voir une personne qui attribuer des autorisations pour pénétrer dans le gisement à condition de lui donner en contre parti de l'argent et ils sont acceptés et ils ont eu cette autorisation, ils sont décidés de ce retrouvé le lendemain matin en bas de l'hôtel lever a 9HOO,

Après une bonne nuit de sommeil nous nous sommes retrouvé comme prévu a 9hoo pour la direction la région de Sambalpur, où le cours moyen de la Mahānadī était particulièrement riche. nous étions tous très prudents, surtout nous faisons très attentions , arrivé sur les lieu nous avons présenté l'autorisation mes malheureusement on a fait chou blanc et nous avions mis en lieu sûr la Carte ou se situait les mine de diamants ou les gisements si on trouvait cette carte on serrait foutus, on a dit que nous étions des personnes qui travaillais pour la France, on nous a répondue il Ny avait aucun diamants et aucune mine, on leurs a dit Mercie et nous sommes repartie à l'hôtel , le lendemain nous avons était nous renseignée ou on pouvez louer un petit avion et là on nous a donner une adresse , nous y sommes allée et là nous avons eu un petit avion pour 4 personnes sans pilote une des personnes qui nous accompagnée dans nos recherche avait sont brève de pilotage c'était beaucoup plus rentable nous avons donné 1000€ce qui fait (88503,78 en Roupie Indiennes) pour nous c'était beaucoup plus avantageux que de payer des billet d'avions tout le monde était d'accord , nous avons chargé nos affaires et nous sommes envoler pour la direction Bornéo, nous sommes restées une journée nous avons était directement au endroit qui était mentionnée sur nos indices nous avons cherché avec une personne qui connaisses bien les lieux et la rien du tout, nous sommes repartie et nous avons trouvé un endroit pour dormir et manger et prendre une douche et le lendemain nous repartions direction l'Amérique du sud, Amérique du nord , Europe, la chine ,nous avons explorer tous ses pays rien choux blanc le seul exploire ses l'Australie, mon autre cousin Skippi, nous avait donner une adresse d'une dame en Australie qui pouvez nous recevoir elle avait deux fils qui connaisses très bien les emplacements donc nous sommes allée chez cette dame très gentille et on lui a dit que nous venions de la part de notre cousin elle nous a reçus nous a fait préparer nos chambres on n'a pris une douche, et nous sommes descendue dans le salon entre temp cette charmante dame nous a préparer un repas en attendant ses deux fils.

Il et 18HOO quand ça sonne a la porte et eu on leur dit bonsoir et on fait connaissance et là il nous raconte une histoire ses l'histoire d'une dame qui aurai hérité en 1889 et qui serrais devenue la femme la plus riche du monde Sam demande cette dame elle a hérite de quoi d'une mine de Diamant et où se trouve-t-elle mes pourquoi vous êtes a la recherche de cette mine, pour nous ses très important nous sommes tous les quatre étudiant nous on recherche le fameux diamant noir notre professeurs nous a demandé de choisir un pays a tous les élèves sa fait partie d'un concours entres étudiants des autres établisse et nous on n'a Choisy l'Australie voici ce que nous avons lu Il existe en effet des mines de diamant noir sur la surface terrestre. Une théorie scientifique stipule que le diamant noir provient de l'espace où il se forme et que sa présence est due à des tombées de météorites il y a plus de 2 milliards d'années. On associe normalement la formation des diamants à une sorte de roche volcanique que l'on appelle kimberlite. Il faut donc retenir qu'il existe encore beaucoup de zones d'ombres quant à l'origine du diamant noir brut. Ses alors que les deux fils nous on dit qu il connaisse deux endroits où il peut aller pour les voir Sam et toutes l équipes, Noé à préférer rester il se dit très prudents on ne sait j amais si il y a un problème au moins il est là pour prévenir la police, donc il sont bien parti ils sont prix des appareil photo et arrivé sur les lieux du 1 rien aucun n'a l entrées toit était fermé, sont repartie pour voir le deuxième arrivé sur les lieux ils découvrent le panneau avec le même numéros qui sont 09021949. Sam demande aux deux frères mes a quoi corresponde ses numéros, ce sont ceux de la propriétaire Sam a demandé si il pouvez faire une photo oui pas de problème vous pouvez me prendre en photo devant ou à cauté de l'inscription , une foi fini il rentres arrive à la maison les deux fils demande Vous allées faire quoi maintenant nous allons des demains rentrées à Paris faire notre exposer on n'allait pas lui dire pour les diamants On préparer les valises et le lendemain a 6hoo debout Le soir on les as remerciés et on et partie ce coucher sans faire de bruit nous partions pour l'aéroport en direction paris, arrivé en France nous sommes passée par la maison des parents a Noé nous attendais tranquillement , nous étions très content d'être la enfin en France ,on n'a jamais rien dit sur ce que nous avons fait tout ce que nous voulions ses de se reposer, manger et dormir, nous étions fatiguées mes c'était une belle aventure le lendemain nous avons appelé le notaire au n qui était inscrit il nous a fixé l'heure et la date nous lui avons dit d'accord il ce trouvé en Belgique plus exactement à Anvers pourquoi Anvers ses le pays des diamants le jours J et arrivée nous étions tout excité, nous avons tout pris Noé était impassiant arrive à Anvers le cabinet du notaire ce trouvais pas loin , il a sauné on lui a ouvert tous les 4 était là , le secrétaire les fait patienté , et Noé et nerveux et le notaire les reçois très gentiment , le notaire pose des questions et Noé et Sam lui répond, et le notaire demande les preuves que ses bien l'endroit où se trouvent les diamants , Noé donne au notaire les photos avec le n 09021949 et autre document le notaire les regarde et il répond très bien donc je vais vous lire le testament feux Madame Xanaya je vous lègue mon empire ,ma mine de diamants , le notaire gèrera ma fortune, Noé et Sam il sont signée les papiers de propriété , le notaire a demandé si il y a quelqu' un qui désire des diamants aucune réponses Sauf Sam il a demandé des diamants pour chaque personnes qui l'on aider et lui on sauver la vie voilà comment que Sam ses retrouvé milliardaire.

SAM & NOE A LA RECHERCHE DE LA ROSE D'OR

Sam était très fatiguées après ses trois ans de travail il a décidé de prendre des vacances aujourd'hui, il a besoin de se reposer donc il s arrêtés trois ou quatre mois il a besoin de prendre du recul, il rentre chez lui regarde le courrier comme d'habitude il a des factures , des relances de sa banque et un courrier pas comme les autres pour l'instant il mes ce courrier de cauter et il va faire les courses, il rentre et il regarde a nouveau le courrier sa l intrigue, entre temp il appel Noé et Skippi pour savoir si il sont libre ce soir pour venir manger et rester entre hommes et discuter tout simplement passée une bonne soirées , et il on répondue oui à l'invitation,

Noé à apporter un gâteaux avec une bonne bouteille de champagne, et Skippi lui il a apporté le fromage, du vin et un bon cigare C'était une soirée inoubliable et entre temp il avait oublié cette lettre et quand Noé, débarrasse la table il voie sur la petite table du salon avec le téléphone ce fameux courrier , il demande a Sam dit moi Sam ses quoi cette lettre Sam répond j'en ait aucune idées si tu veux tu peux l'ouvrir et pourquoi tu ne l'a pas fait je voulais vous attendre et partager ce courrier avec vous, si tu veux

Noé tu peu l'ouvrir d'accord on Louvre mes avant je veux un bon cigare, cette lettre était bizard , déjà il y a l enveloppe qui est Anciennes, et ce courrier viens du Japon Ouvre la Noé ok alors je lis

. Bonjour Sam, aujourd'hui je t'écris cette lettre, je suis une dame Agées j'ai appris que tu étais mon arrière-petit-fils j'ai payé des personnes pour te rechercher pour moi ses très important,

Je vie au japon et je voudrais te voir de toutes urgence si tu veux tu pourras demander à tes cousins de venir avec toi si tu le veux, tu es mon seul et unique héritier, une personne qui réside à paris passera te voir pour récupérer la réponse si tu es d'accord ou pas, j'attends une réponse le plus tôt possible. Noé demande à Sam alors on fait quoi ? à votre avis oui mais je ne parle pas japonais, Noé répond ne t'inquiète pas moi je parle le japonais par contre il y a que Noé qui part avec Sam, entre temps on contact la personne et on lui dit d'accord pour aller la voir mes par contre il nous faut nous réserver deux chambres dans un hôtel, ne vous inquiétez pas vous allées êtres l'invité de votre arrière-grand-mère.

Tout et près pour vous recevoir, un jet privé et mis à votre disposition, un jet oui Monsieur vous parte demains pour le japon prenez, que le juste nécessaire. Votre arrière-grand-mère a tout prévue Sam et Noé se pose des questions esque ses sérieux, on verra Sam de toute façon je suis en vacances et on part au japon, un jet magnifique des hôtesses de l'aire plus belle que j amais nous étions aux Paradies après 11H00 de vol nous arrivions à Tokio

Des personnes nous attendait à l'aéroport la personne qui nous accompagnée nous a présenter à ses hommes et il y avait une limousine avec chauffeurs nous somme montées et les personnes qui nous attendais ont pris nos bagages nous avons visité la ville vite fait ses une ville magnifique qui me fait penser à Las Vegas, on traverse la ville et on rentre dans un quartier chic de tokio Nous somme passée dans le quartier Aksakal chic et vallonné de l'arrondissement de Minato, au cœur de Tokyo.

Centre d'affaires, lieu de résidence du pouvoir impérial, le chauffeur nous a expliqué que le quartier Akasaka,Il fait bon vivre à Akasaka, pour peu que l'on ait les moyens financiers adéquats. Proche du pouvoir impérial et ancien poste de garde à l'époque du château d'Edo, le quartier est aussi devenu l'un des terrains de jeux nocturnes préférés des hommes d'affaires et expatriés fortunés à la fin de la Seconde Guerre Mondiale. En journée, cette paisible zone résidentielle en plein centre de Tokyo offre une image sage et sophistiquée. Comme sa voisine Roppongi, le paysage d'Akasaka oscille entre les hauts immeubles des sièges sociaux aux vitres infinies et des centres commerciaux vastes à s'y perdre. Au milieu de cet enchevêtrement architectural, on déniche quelques appréciables oasis de tranquillité.

Le chauffeurs nous fait savoir que nous somme bientôt arrivé nous passée devant parc Hinokicho Haut lieu artistique, plusieurs galeries et musées contemporains y ont élu domicile, comme l'original 21_21 Design Sight imaginé par Issey Miyake et Tadao Ando le chauffeurs annonce sa venue et le grand portail immense s'ouvre et là, la vue et inoubliable, une villa qui reste dans le style, un grand Park immense, avec des poissons des bonzaï, la personne qui nous accompagnée a sauné a la porte et ses une Femme japonaise vêtu d'un le kimono, cette femme nous a emmener dans un immense salon et là nous avons vue Madame Tsuneko âgée de 98 Ans vêtue d'un kimono rouge avec des fleurs imprimé une femme très douce , très gentille et qui vie celons la tradition n superbe Kimono de couleurs magnifique avec un parapluies assortie au kimono pour se protéger du soleil, elle avait toutes la peaux très blanche. Nous avons discuté Noé était fasciné par ses femmes et surtout par Madame Tsuneko, elle nous a raconter quel avait peur elle pense qu elle est surveiller donc elle nous a demandé si on voulait habité issis, on lui a répondu que nous avion réserve deux suite dans un Palace a Tokio, elle nous a demandé quel et le non du Palace on lui a donner le nom et là elle nous a répondu ses pas grave vous rester, Sam lui a répondu alors on va annulé , Madame Tsuneko, répond ses pas grave ses pas la peine d'annuler ses déjà fait et tu sais mon petit le Palace ou vous avait réservé m appartiens, sa serra à toi, et a Noé, (Au Japon, le kimono est la tenue traditionnelle par excellence et ne passe pas de mode.

Porté lors des grandes occasions et des cérémonies depuis les toutes premières civilisations japonaises, le kimono est un vêtement standard porté par les hommes comme par les femmes, synonyme d'élégance et de solennité.) Sam, nous faisons partie d'une grande lignée tu as entendu parler des Samouraïs oui comme tout le monde pourquoi alors écoute alors écoute cette belle histoire ainsi que toi Noé les samouraï (侍, samurai) (à ne pas confondre avec le bushi (武士)) est un membre de la classe guerrière qui a dirigé le Japon féodal durant près de 700 ans., Le terme « samouraï », mentionné pour la première fois dans un texte du xe siècle, vient du verbe saburau qui signifie « servir ». L'appellation est largement utilisée dans son sens actuel depuis le début de la période Edo, vers 1600. Auparavant, on désignait les guerriers plutôt par les termes mono no fu (jusqu'au viiie siècle), puis tsuwamono (強者?)1 ou bushi (武士?), qui peuvent l'un ou l'autre se traduire par « homme d'armes ». Les guerriers sont souvent décrits comme des « Ebisu », c'est-à-dire des barbares dans le Dit des Heike. À partir de la période Edo, les termes bushi et samouraï ne sont pas tout à fait synonymes, il existe une différence subtile (voir l'article Bushi). On trouve aussi parfois le terme buke :

Il désigne la noblesse militaire attachée au bakufu (gouvernement militaire), par opposition aux kuge, la noblesse de cour attachée à l'empereur. Les buke sont apparus durant l'ère Kamakura (1185-1333).ses l'histoire de ta famille qui viens d'une longue lignée de Samouraï, nous étions fascinée par cette histoire cette dame Agée de plus de 90 Ans nous amener dans une immense bibliothèque ou il y avait des vitres très Ancien, il y a un livre avec l'arbre généalogique, tout était inscrit, Noé à poser la question Madame sans vous offensez quel et le rapport avec Sam, je vais vous le dire jeune homme vous aussi vous faite parti de notre famille, vous êtes de l'autre cauté de notre branche donc vous devez vous aussi savoir J'ai plusieurs Arrière-petit-fils et petites filles, mais le soucis il sont tous très gentils mes surtout très intéresser par ma fortune qui s'élèvent a,78,1 milliards $ plus cette maison et autres propriété et je voudrais que tu t'occupes de mes affaires tu serra accompagnée et si Noé et d'Accor il déterra dans cette fonction je sais pas quoi dire haut tu sais Sam j'ai une faveur a te demandé oui la quel mes arrière-petit-fils et petite filles comment vous dire voilà je me suis aperçus depuis quelque temps que mes arrière petit enfants me voler , il sont pris quelque chausse de très important a bon ses quoi , ses un livre très ancien qui vient j justement des samouraï ses le livre de la rose d'or ,et il parle de quoi, ses un livre magique quand tu ouvres le livre tu récent une sensation je ne pourrez pas l'explique il réalise tout tes veux et en plus il te transporte dans le passée par son histoire il te donne toutes une richesse, il a des feuille d'or et ses un vieux raconteur d'histoire qui a écrit sur ses feuilles d'or toutes la vie des samurai, il ne doit pas quitter la famille mais les personnes qui le vol nous on serra maudît pour toujours, ses très important de le retrouvé ce livre a était signée par le chef des samouraï il a plus de près de 700 ans ses un livre inestimable et je voudrais que vous le retrouver , je sais en plus qu'il mon pris des tableaux et des bijoux ses pour cela que je les déshérites, je sais que tu es un détectives privé je sais tout sur vous .

Sam et Noé on accepter et ça nous fait mal au cœurs, on ne connait personne il faudrait nous donner des photos des arrière petit enfants et si vous avait la photo du livre, Madame Tsuneko, mes tout en place elle mes a la disposition de Sam et de Noé des 7 personnes qui se font passer pour des touristes , une des arrières petite fille de Madame Tsuneko, a une agence immobilières de luxe avec des villa superbe elle travail en familles et elle est collectionneuses et surtout elle a toujours vécue dans le luxe elle ne supporte pas être pauvres , et les autres membres de la familles ses pas mieux , en feuilletant les compte Sam ses aperçus que les compte de l'agence ne fonctionnez pas il était à deux Doig de mettre la clé sous la porte.

Noé étant un belle homme grand brun ténébreux avec les yeux marrons très charmeur-il ses faits passés pour un homme d'affaire fortuné et collectionneur on lui avait attribuer une belle voiture (une Rolls rouge avec un chauffeurs) et il est allée à l'agence immobilier, il s'est présenté, a l'accueil il a demandé a parlé à la responsable, il a attendu, et la responsable de l'agence et venue, Mademoiselle Claire Noé lui a dit mes vous êtes française, oui mes parents on vécut au japon elle lui a demandé pourquoi vous désirer me voir Monsieur Noé mes appelez-moi Noé

je suis un homme d'affaire qui recherche des biens à acheter je m'installe aux japons et entre temps Sam et les autre personnes chaque de leurs cauté on décider de ce partager le travail, Noé entre temp il a invité a mangé dans un restaurants chic l'arrière-petite-fille (de Madame Tsuneko,,) tout à marcher sur des roulettes comme convenue , elle a succombée a son charme, il lui a donné rendez-vous à 20HOO il lui a demandé si il pouvez venir la chercher à son adresse pour aller au restaurants elle lui a dit oui elle a mis une superbe robe rouges avec un collier saphir émeraude et diamant, elle était superbe , Noé a mis un smoking et il est parti la chercher, il lui a dit quel était magnifique mes il a remarqué ses bijoux , il a rient dit arrivé aux restaurants il on manger au champagne il sont but 3bouteilles elle lui a proposer une promenade dans les rue de Tokio s'est vrai que la nuit ses comme las Vegas plain de lumière, la nuit elle est magique entre deux conversation elle lui demande si il est collectionneur de livre ancien il lui a répondu oui mais tout dépend des livre et là elle lui fait voir le livre de la Rose D'Or .

Il lui demande ou elle a eu cette beauté elle lui a répondu que c'était quelqu'un de sa connaissance qui chercher à le vendre il lui a répondu oui combien vous en demandé alors si vous êtes d'accord on pourrais se revoir demain je suis actuellement chez des amis eu aussi collectionneurs et là on discute du prix on se dit à demain soir à 17HOO ,voici l'adresse je vous présenterai oui ses très gentils, Noé repart entre temp il avait appelé Sam pour lui faire son rapport et voilà ce qui se dit Allo Sam je chercher pas plus Loing ses l'arrière-petite-fille et les petit fils qui on le livre en plus les bijoux quel portais ses Ceux de ton arrière-grand-mère je lui ait donner rendez-vous demain soir je vous ait fait passée pour mes amis et collectionneurs .le lendemain, arriva l'arrière-petite-fille demande à Noé sa vous dirais que nous allions dans un autre endroit.

Noé répondu Non et Sam lui par ailleurs a prévenu son arrière-grand-mère comme quoi le plans fonctionnée et il avait tousse rendez-vous à une autre adresse que celle-ci, mes ce que ne savais pas sa petite fille ses a l'adresse ou-il ce donnait rendez-vous c'était un piège de la part de Sam, c'est bien le livre qui a était volée , et en plus tous les bijoux avais était retrouvé, les arrières petit enfants ont était arrêter l'arrière grand mer n'a pas porter plainte , pour pas souillez les non de la familles et elle les as déchus de leurs droits et ses Sam.

Et Noé qui deviennes les unique hériter d'un immense empire, arrivé à la fin de leurs vacance Sam et Noé devait repartir e France , l'arrière-grand-mère de Sam lui avait demandé de rester un jours de plus il devait rencontrée une personne très importante e il sont accepter pour ne pas blaiser leur arrière-grand-mère madame Tsuneko, le chauffeurs les as attendue il devait amener Sam et Noé dans le centre de Tokio la y a un immense immeuble, il sonne a l'interphone la porte s'ouvre et là ses que du marbre avec des domestique qui reçois très gentiment et de la-il sont accueillie par une dame très gentille Sam demande ce qui fait la entre temp.

Noé était aux courants que cette dame était la vraie mère de Sam, elle s'est présentée et lui dit bonjour vous êtes Sam et Noé oui Madame vous savez qui je suis non madame, je suis ta maman Sam, tu as vue t on arrière-grand-mère et je te remercie pour ce que vous avait fait alors, Sam ne comprend pas il veut connaitre toute l'histoire pourquoi qu il a était abandonnée, tout d'abord vous allée vous assoir et prendre quelque chausse oui Mercie voici l'histoire de t a naissance quand tu es venue au monde Sam. ton père et moi-même, nous étions si heureux mais tu connais l'histoire de la famille

ton père avait des fonctions qui ne nous permet tes pas à te garder nous avions fait appel à une dame pour te garder et de t'élever comme une gouvernante oui Sam elle est restée chez nous 3 ans mais un matins on t'a chercher par tout impossible de te trouver elle avait disparue avec toi elle t avait emmener très Loing de la maison et vous vous avait fait quoi on n'a donner les alertes et tout le monde vous a chercher sans suite ton père ne s'en ait pas remis on n'a fait appel à la police rien des personnes de notre entourage on fait des recherches

Mes sans rien trouvé ils sont poussés les recherches plus Loing et ils ont découvert que tu avais était vendu, ils sont tout fait pour brouillez les pistes, il y a que seulement que 3moi tout-fait parazard en regardant un article on t'a vue j'ai tout de suite vue et reconnue grâce à t'as tache sur le museau une petite tache rose ses la tache de naissance, la tache de la famille.

Sam et Noé sont rester toutes la journée , SAM était content de voir sa mère mes son père était plus la avant de repartir Sam a fait une promesse a sa Mère ses de venir la revoir il a accepté mes malheureusement il doivent rentrés en France pour les affaires, il sont pris un jet privé pour paris arrivée en France il sont passée au cabinet de détective pour régler certaine affaires et pour faire le compte rendu et leurs faire savoir qu il allait ouvrir un grand cabinet de détective privé au japons , mais il garderai celle si en France, il passait voir sa deuxièmes familles et l EUR proposa de venir avec eu aux japon il aurais un appartement dans un immeuble que pour eu, et Sam a tout raconté la rencontre avec son arrière-grand-mère ses cousins et surtout sa vrai mère ses parent d'adoption?

Sam que va tu faire maintenant et vous vous allée m accompagnées oui ou non, non Sam on reste issis et toi moi je veux vivre au japon ses ma vie vous pourrez venir me voir quand vous le désirerais oui Sam et tu partirais quand je pense dans 4 a 5 moi j'ai des chausse à régler, une foi tout régler il reparte au japon une maison était mise à l eur disposition et il arrivent à tokio un chauffeur attitrés ce met à leurs disposition direction chez l'arrière-grand-mère qui avec grand plaisir elle décide de faire une grande réception et présenté Sam et Noé a toutes la famille et de présenté une jeune femmes issus d'une grande familles et une famille très riche surtout un très beau mariage que les deux familles.

ont décidé de faire mes Sam était pas au courant , ni la jeune femmes arrivé à la soirées que la grand-mère de Sam avait tout organiser elle présentât son arrière-petit-fils a la jeune femme elle a vue Noé et elle et follement tombé sous son charme par contre Sam a était présenté à la jeune sœur et là sa était le coup de foudre mes malheureusement sa destinée était déjà faite il devais absolument ce marié avec l'ainé des deux filles pour perpétrais la tradition entre les deux familles mes Sam n'accepte pas mes ses comme cela la soirée se termine et Sam et Noé était tous les deux fou de ses jeunes filles mes voilà il y avait la famille qui ne les lâcher pas.

Noé il devais repartir en France et entre temp Sam a reçus un courrier comme quoi il devais rentrées de toutes urgence il devait faire son service militaire et il explique cela a sa mère et son arrière-grand-mère elle on toutes les deux comprise et Sam reparti en France il a fait une école des sous-officier il avait choisi la marine il était magnifique en uniforme il et rester 4 Ans et de là il avait rencontrées une belle et jeune fille qui était elle aussi dans la marine ils ont eu une aventure, et Sam lui expliqua qu'il ne pourrez j amais faire leur vie ensemble il était destiné de vivre et d'épouser une autre jeune femme, pour des raison d'argent et de famille, que sa place était au japon pour reprendre le flambo il a répondu de mon cauter Sam je ne suis pas libre je suis filances a un commandant tu voie Sam , nous ne sommes pas libre.

Sam a fini son service militaire et comme convenue il repart au japon a tokio comme convenue il ce mari avec la riche héritière et il reprent les affaires sa mère a appris à Sam que son arrière-grand-mère et morte et elle lui laisse une vrai fortunes les neveux et nièces, eu il veulent absolument reprendre leurs bien et il essaye de tué ,Sam mes ses sa jeune femme qui et blaiser et ses la guerre entre les familles , Sam et sa femme ont eu 8 Enfants donc une fille , Noé entre temp il ce marié, il ont eu deux enfants, l'agence de détective à paris fonctionne bien il on ouvert 4 agences de détectives privé a Tokio marche très bien Sam propose a Noé de S'associer et il a accepté, ils ont fait leur vie au japon , les enfants grandissaient ensemble, comme frère et sœurs Sam avait le monopole de tout tokio il acheter il vendait et la famille grandissait , les fils de SAM allais au collège dans le quartier Japonais il y a des écoles, française, et Sam voulais que ses enfants grandisses comme les autres et parmi ses génies, il y avait le fils de Noé il était une tête, un géni il a inventé un vélo extraordinaire mais le fessais en secret le seul qui soit au courant ses le fils ainé de Sam, ses un vélo comme je vous les dit magique et révolutionnaire , plus vous pédaler plus vos rêves deviennes réalité, il peut transporter 3 personnes réalise des différents soue ses un prototype, seul Sam et Noé et au courants et le secret et bien gardé il y a un autre prototype ses une machine à lancer de l'amours , les enfants de SAM et de Noé en non marre que les personnes ce battes pour de l'argent, cette machine quand elle et programmé lance la paie dans le monde , plus de guerre, plus de pauvre , chaque personnes réalise le métier qu il adore faires il y a des banque mes pour tout le monde , tout le monde a pour manger et fini les personnes qui meurt de faims, mes voilà il ne faut personnes qui découvre cette inventions donc elle est protéger et reste dans la familles

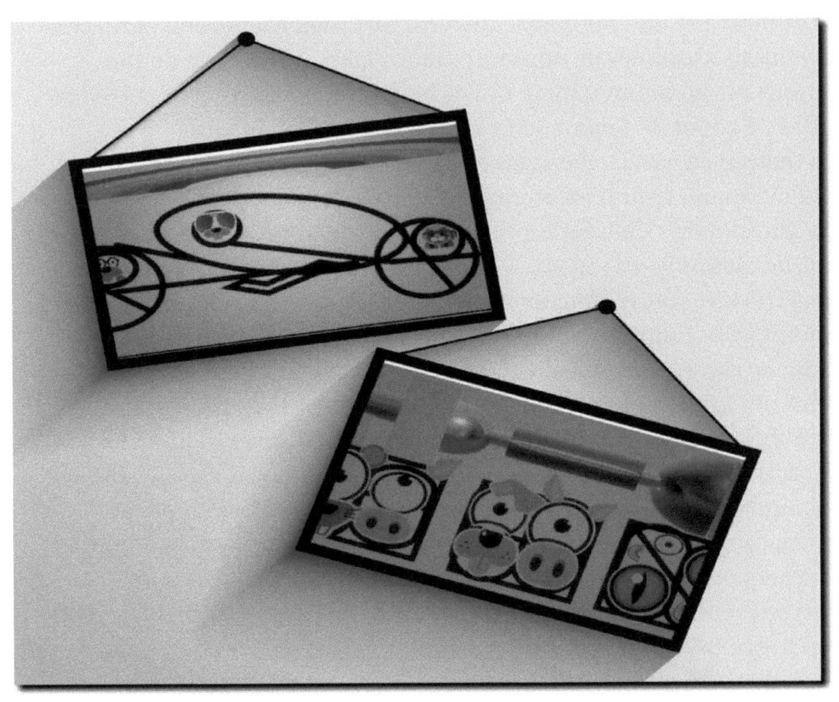

A LA RENCONTRE DES DIFFRENTS TRAIN

Nous sommes au mois de juillet il fait très beau et Sam décide de quitter le bureau pour une promenade il peut se le permettre il est son propre patron, en plus il Ny a pas beaucoup de travail aujourd'hui il y a un petit café très sympa ou il a l abirude d allée, il sassoi et commande une boisson bien fraiche, à côté de lui s'assoie deux charmantes demoiselle et la-il font connaissance, elle sont toute les deux de paris mes elle sont en vacance, elle sont prévues de faire un Safari , photo ,et propose cette idée a Sam, Annabelle, lui dit ses une aventure allée viens avec nous et Prune répond oui sa serrais sympas de le faire tous les trois et quand vous avait prévue de de faires dans 3 jours c'est un sites tu vas voir et tu vas adorer , ou que l'autruche, en atteignant les 70 km/h, échappe à tous les prédateurs de la savane, et que les bisons pèsent (littéralement) une tonne. Mais l'intérêt de ce safari est surtout que, s'il n'est pas aussi prestigieux que ceux d'Afrique, il permet d'approcher les animaux au plus près.

Nous pouvions voire les animaux à quelques centimètres et même. ... Caresser une biche ! Les bisons sont bouffants et bien évidemment, on ne voulait pas repartir., nous avons vu le responsable de ce safari nous lui avons dit que nous voulions partir, mais Annabelle répond nous partirons après-demain, sa serra ok pour toi Sam, je te donne mon n de téléphone, Sam répondu d'accord, pendant ce temps le responsable du Safari leur a proposé de rester sur les lieux et après il von repartir, et pour quelle destination, pour le cœur **du Val de Loire,** en France, comment ça oui nous avons vue avec une agence de voyages et nous avons trouvé un safari très original et que personnes na entendu parler ou sa il se trouvent dans un Parcs ,Animaliers qui est un ZOO sa existe répondu Sam oui ses pour protéger les animaux pour toutes formes de Safari il est unique tout ce passe en train, sa ce trouvent **Au cœur du Val de Loire, à deux pas d'Amboise et de Chenonceaux, les visiteurs sont invités à passer un moment de détente et d'aventure en embarquant à bord du Safari Train, pour une traversée d'un parc d'élevage, à la Réserve de Beaumarchais. Confortablement installé, ils partent pour un voyage insolite au plus près des animaux, à la rencontre des grands gibiers. Observer les sangliers et leurs marcassins, les cerfs suivis des biches et des faons. Faire connaissance avec les daims et les mouflons de Corse. Découvrir des espèces surprenantes telles que les nandous, les émeus, les autruches ou encore les bisons d'Amérique.**
Un parc de jeux pour enfants et une aire de pique-nique sont à disposition sur le site, sans oublier la visite libre chez les wallabies

de Bennett.Auberge aux spécialités de gibiers. Animations et soirées à thème.

Ses la Réserve de Beaumarchais, oui j'en ai déjà entendu parler de ce lieu mes ses super, en plus tu pourras rentrée dans l'univers passionnant des bébés autruches, avec la visite de la nursery. Découvrir les machines et apprendre les différentes étapes de l'incubation à l'éclosion des œufs. Admirer les nouvelles naissances, bien au chaud dans la pouponnière. Et combien de temp dure la visite une journée, moi ça me branche ok on y va arriver tous les trois vers 9H30 il y avait du monde qui attendais, nous étions en avance, je ne connais pas cette région, il faisait un temp magnifique pour faire des photos donc je sors mon appareil et je commence à prendre des photos en attendant que sa ouvre à 10HOO on n'a pris les billets, avant le départ du train, nous partions dans une aire de jeux qui juste un parc à wallabies (des petits kangourous). L'occasion pour beaucoup de voir au plus près ces adorables animaux qui portent leurs petits dans leur poche ventrale. Là j'ai pris des photos je suis tombé sous le charme et Annabelle et Prune aussi Puis on nous a passé un petit film d'une dizaine de minutes qui nous permet de connaître les principales caractéristiques des animaux que nous croiserons au cours du safari.

Autruches, émeus, nandous, sangliers, cerfs, daims, chevreuils, mouflons et surtout... bisons. Ses vrai qu'Au début, nous étions assez sceptiques sur l'intérêt d'un safari sur du grand gibier d'élevage. Et pourtant... il a fait l'unanimité ! A suivi avec grand intérêt les explications du guide qui nous apprend par exemple que les sangliers se couvrent de boue pour se protéger des par se poser des questions, quand on peut venir visiter ? il nous a répondus Si vous planifiez une visite, privilégiez le mois de juin qui vous permettra de faire une incursion dans la nursery pour voir les autruchons.
A faire de préférence par beau temps car tout est en extérieur. Au total, prévoyez a minima deux heures sur place. Il est possible de pique-niquer sur certaines aires dédiées, ou bien de profiter de la restauration proposée sur place. A noter que la boutique propose à la vente des produits à base de gibier (nous avons testé une délicieuse terrine de sanglier). Ce lieu est un enchantement, une aventure grandeur nature dans un parc de 30 hectares, à bord du "safari-

train". L'accueil est extraordinaire de gentillesse et de patience avec devant tant d'animaux en semi-liberté,

Nous avons pu prendre et nous sommes reparti Alors, Sam a eu une idée génial Prune et si nous faisons un autre safari photo mes ou j'ai une idée, abord du fabuleux train L'Orient-Express oui mais ses plus un safari, ses pas grave répondue Sam sa serra une autre aventure allée je vous paye le voyage sur ce fameux train, Prune dit oui et aussi Annabelle allée hop on part pour Paris. Je prends les billets, et je fais les rérvations Sam appel les filles pour donner l'heure du rendez-vous et il dit aux filles vous arrivé un peu plus tôt j'ai une surprise pour vous, Sam avait toit prévu au temps faire sa bien, vous connaisse l'histoire de ce train mystique, donc j'ai prévu, des tenues d'époque pour ce fabuleux voyage, les filles quand elle arrive à la gare, Sam leurs donne leurs surprises, Prune et Annabelle sont éblouis et elle en pleurs.

Nous sommes accueillies comme prévu avec des coupe à champagne et il nous souhaite un bon voyage , Sam a tout prévu il veut faire de ce voyage un rêve et comme il adores les photos il a décidé de lui faire apporter trois appareil ancien pour réaliser à leurs styles un Safari photo mes Annabelle dit a Sam mes comment on va faire , ne vous en faites pas j'ai réservé tout le train comment ça oui le train et a nous pendant toute une semaine et ses la qu il révèle son identité qui et milliardaires et ses un cadeau que je vous fait , Prune et Annabelle vous connaisses l'histoire de ce train oui et non, je vais vous la racontée et entre temp les filles prenez des photos le train quitte la gare les filles s'assoit, et une personnes apporte des canapé, avec du caviard et Sam commence a raconté.

Cette fameuse histoire qui est le L'**Orient-Express** est un train de luxe créé par la Compagnie internationale des wagons-lits (CIWL) qui, depuis 1883, assure la liaison entre Paris, Vienne, ainsi que Venise, à partir de 1919, et Constantinople (puis Istanbul)[1], desservant plusieurs capitales de nations européennes. Dans les années 1920, avec des artistes-décorateurs comme René Prou ou bien René Lalique, le style « Orient-Express » atteignit son apogée. C'est après plusieurs changements d'itinéraire, deux guerres et enfin par l'abaissement continu de son prestige pendant la Guerre froide, que le service quotidien *Direct-Orient-Express* vers Istanbul et Athènes cessa en 1977, vaincu par la faiblesse de sa vitesse commerciale (à peine 55 km/h vers la fin) due aux interminables arrêts douaniers dans les pays communistes traversés, ainsi qu'à l'état obsolète de leurs réseaux, et malmené par la concurrence grandissante de l'aviation de masse. Depuis 1982, un nouveau train de luxe régulier, assuré par une compagnie privée, le *Venise-Simplon-Orient-Express*, a pris le relais sur le trajet Boulogne-sur-Mer (désormais Calais) – Paris – Venise, *via* Innsbruck ou Vienne, avec parfois un prolongement vers Istanbul. La marque Orient-Express est cependant restée propriété de la SNCF[2], toute compagnie privée devant utiliser une appellation à ajout (comme le Venise-Simplon-Orient-Express). Le Paris-Vienne a roulé sous l'appellation Orient-Express jusqu'en 2009, date depuis laquelle son exploitation par la SNCF est suspendue. La SNCF a racheté au groupe Accor les sept voitures du *Pullman-Orient-Express*[3], restaurées par la Compagnie des wagons-lits, afin de les incorporer dans les convois de la société Train-Expo ou de les proposer à la location par des entreprises ou des particuliers. Du fait de la crise économique, leur utilisation dans la circulation de *dîners-voyages*, assurée précédemment, n'est pas jugée viable pour le moment. C'est une partie de ces voitures d'époque qui est parquée en 2014 le long de l'Institut du monde arabe, dans le cadre de l'exposition *Il était une fois l'Orient-Express. Annabelle* demande a Sam on va faire toute ses les pays et on va marcher sur les trace du train oui Annabelle on va le faire , Prune demande a Sam mes ses quoi sont histoire qui est si passionnante et il y eu plusieurs film qui sa était tournée dans ce train je vais vous la dire on n'a tout notre temps toutes la nuit il raconte et il est passionnée mes entre temps il fond des photos magnifique et il s'arrête et boit une coupe de champagne et il continue à raconter Lors d'un voyage de plusieurs mois aux États-Unis en 1867, l'ingénieur belge Georges Nagelmackers découvre les sleeping-cars (wagons-lits) conçus par l'industriel américain George Pullman. Si ces trains sont bien plus avancés technologiquement que ceux européens, ils s'avèrent être plutôt inconfortables selon l'avis même de la clientèle. À l'opposé, Nagelmackers observe les luxueux aménagements des paquebots transatlantiques. Dès lors, il revient en Europe avec l'idée de créer des trains de nuit de luxe à destination d'une clientèle aisée et publie son projet quelques années plus tard dans le livre *Projet d'installation de wagons-lits sur les chemins de fer du continent.* Mais le franchissement des frontières pose à la fois des difficultés techniques — les normes ferroviaires varient selon les pays — et diplomatiques — des tensions existent entre les États. Le Belge entame de nombreuses négociations qui se trouvent interrompues par la guerre franco-allemande de 1870 Georges Nagelmackers fonde en octobre 1872 la société « Georges Nagelmackers et Cie » avec le soutien du Roi des Belges Léopold II. Grâce à des conventions signées avec les compagnies ferroviaires nationales, il parvient à accrocher ses premiers wagons-lits aux trains circulant entre Paris (France) et Vienne (Autriche) puis entre Paris et Berlin (Allemagne). Mais l'entreprise connaît des difficultés financières et les banques se retirent. À la recherche de financement, Nagelmackers fait la rencontre à Londres (Royaume-Uni) du colonel américain William d'Alton Mann, riche inventeur dépositaire d'un brevet de wagon-lit doté de compartiments ouvrant sur un couloir latéral. Les deux hommes s'associent et fondent en janvier 1873 la « Mann's Railway Sleeping Car Company ». En août 1875, Nagelmackers rachète les parts de son associé. Le 4 décembre 1876, il fonde à Bruxelles la « Compagnie internationale des wagons-lits » qui devient en 1884 la « Compagnie internationale des wagons-lits et des grands express européens » en accord avec le développement de son activité Le 10 octobre 1882, la Compagnie des wagons-lits lance un aller-retour Paris-Vienne exceptionnel dans un train de luxe baptisé « Train Éclair ». Composé de quatre voitures-lits, d'une voiture-restaurant et de deux fourgons, le train relie les deux capitales en 27 h 53 min. C'est la première fois que la Compagnie affrète son propre train, En 1891, l'Express d'Orient est renommé « Orient-Express », mais continue à être désigné sous son appellation initiale dans la version française du nouveau traité conclu en 1899 entre les douze administrations nationales des chemins de fer concernées et la Compagnie internationale des wagons-lits. À cette époque, les passagers sont libérés des contraintes administratives, la Compagnie s'occupant de présenter les passeports à chaque passage de frontière. Le train devient un axe de communication majeur vers l'Orient, attirant une clientèle fortunée mais variée comme des célébrités, des demi-mondaines, de riches marchands, et même des espions en mission. Ce microcosme va inspirer de nombreux artistes tel qu'Agatha Christie. L'Orient-Express est un chef-d'œuvre de l'Art nouveau et de l'Art déco à tous les niveaux (marqueterie, maroquinerie, tapisserie argenterie, vaisselle...), mais tout ce luxe va faire des envieux. Ainsi, en 1891, des bandits de grand chemin attaquent le train et repartent avec un butin de 120 000 livres sterling et cinq voyageurs en otage. L'année suivante, le train est mis en quarantaine en raison d'une épidémie de choléra Survenue à bord. En 1894, une liaison appelée « Ostende-Vienne-Orient-Express » relie Ostende et Bruxelles (Belgique) à Vienne (Autriche) où les wagons se raccrochent à l'Orient-Express venant de Paris[19]. De la même manière, une autre liaison de prestige appelée « Berlin-Budapest-Orient-Express », composée de matériel luxueux, relie Berlin (Allemagne) à Budapest (Hongrie) à partir du 1er mai 1900, quotidienne, d'abord, puis bi-hebdomadaire, puis hebdomadaire, jusqu'à sa disparition le 1er octobre 1902, faute d'une fréquentation suffisante. Grâce au succès de l'Orient-Express, la Compagnie des wagons-lits se développe : elle lance d'autres trains de luxe vers de nouvelles destinations (le Sud-Express entre Paris et Madrid/Lisbonne, le Rome Express entre Calais et Rome, le Riviera Express entre Amsterdam/Berlin et Nice), fonde en 1894 la Compagnie internationale des Grands Hôtels qui ouvre des hôtels de luxe dans les principales étapes des lignes pour ses voyageurs (Pera Palace à Constantinople, Élysée Palace à Paris, Riviera Palace à Beausoleil) Sam regarde sa montre et il s aperçois qu'il et tard une table et servi dans le grand salon du train Prune et tellement passionnée quel en redemande et pose une question mes comment vous savez sa je me suis passionnée par ce train et j'ai aussi rechercher sur Internet , j'ai toujours exprimé le souhait de le prendre un jours, avec de jolies dames telle que vous nous sommes flatter et tout , en mangeant il continue l'histoire Annabelle prend des photos elle et pas habituer à cette appareil et Sam continue, ou j'en suis a oui je me rappelle **La Première Guerre mondiale (1914-1918)**Déjà affecté par les guerres balkaniques en 1912 et 1913, l'Orient-Express est limité au trajet entre Vienne et Budapest en août 1914 à la suite du déclenchement de la Première Guerre mondiale. Mais rapidement, l'Empire allemand et l'Autriche-Hongrie Réquisitionnons-les voitures de chemin de fer Situées sur leur territoire pour créer fin 1916 leur propre compagnie des wagons-lits, la Mitteleuropäische Schlafwagen und Speisewagen Gesellschaft Abrégée en Mitropa. Dès janvier 1916, un train militaire, le Balkanzug (Train des Balkans), symbole pour la construction de la Mitteleuropa, reliait Strasbourg — alors allemande —, Berlin et Constantinople. À l'Ouest, les wagons-lits sont également réquisitionnés pour être transformés en ambulances de campagne. À la fin de la guerre, toutes les voitures étant éparpillées ou détruites, la Compagnie des wagons-lits doit vendre ses hôtels pour reconstruire son parc de voitures. Le sort des trains internationaux comme l'Orient-Express est débattu lors du Traité de Versailles de 1919Le wagon-restaurant n° 2904 de l'orient-Express (Compagnie des Wagons Lits) construit en 1913 rentre dans l'Histoire comme le wagon de l'Armistice. Transformé en bureau/salon pour le général Foch, commandant en chef des armées alliées, il est positionné dans la clairière de Rethondes en forêt de Compiègne. L'Armistice du 11 novembre 1918 entre l'Allemagne et les Alliés y est alors signé. La Compagnie des wagons-lits fait don de ce wagon à l'État français en 1921 **L'âge d'or de l'entre-deux-guerres (1919-1939) Après** la guerre, la situation géopolitique ne permet pas de rétablir l'Orient-Express dans son trajet initial passant par l'Allemagne.

En avril 1919, un second parcours est mis en place grâce au nouveau tunnel du Simplon percé sous les Alpes entre la Suisse et l'Italie. Le « Simplon-Orient-Express » relie Calais — voire Londres grâce à une correspondance en bateau par Douvres — à Constantinople en moins de deux jours et demi via Lausanne (Suisse), Milan, Venise (Italie), Belgrade (Yougoslavie) et Sofia (Bulgarie). Ce trajet plus court par l'Europe du Sud Devient rapidement plus populaire que son aîné du Nord l'Orient-Express rétabli quelques années plus tard[4,5,6,8]. De plus, ce dernier s'arrête désormais à Bucarest (Roumanie) et ne dessert plus Constantinople Voiture de l'Orient-Express. Intérieur d'une voiture-bar de l'Orient-Express exposée en 2014 à Paris. En 1922, toutes les voitures en teck Sont remplacées par des voitures métalliques plus confortables. Ces dernières sont peintes d'une couleur bleu nuit avec des liserés de couleur or. Ces couleurs auraient été choisies par le directeur M. Noble- Maire en souvenir de sa tenue de chasseurs alpins. La décoration intérieure d'inspiration Art déco est confiée à de grands artistes tels qu'Albert Dunn et René Prou pour la marqueterie, et René Lalique pour la verrerie.À la suite de l'occupation de la Ruhr par les Français, les Allemands interrompent en représailles le passage de l'Orient-Express sur leur territoire de janvier 1923 à novembre 1924.En 1924, un troisième parcours appelé « Suisse-Arlberg-Vienne-Express » relie Paris à Vienne via Zurich (Suisse) et Innsbruck (Autriche) et dessert les stations de ski en vogue des Alpes. Il est étendu jusqu'à Budapest (Hongrie) et Bucarest (Roumanie) quelques années plus tard, et jusqu'à Athènes (Grèce) en 1932. Il est alors renommé « Arlberg-Orient-Express ». Cette même année, l'Orient-Express va de nouveau jusqu'à Istanbul (Ex-Constantinople). Il faut cependant noter qu'à la suite des rectifications de frontières provoquées par les nouveaux rapports de forces, et notamment la création de la République Turque.

Après la chute de l'Empire Ottoman, le Traité de Lausanne de 1923 a provoqué une complication du statut international du train. Il quittait en effet la Bulgarie à Svilengrad, pour entrer en Grèce, puis faire une brève incursion en Turquie près d'Edirne, avant de repasser sur une centaine de kilomètres en Grèce, pour finalement la quitter définitivement à Pythion en regagnant la Turquie à Uzunköprü. Le détail du fonctionnement de ce transit était prévu par un règlement de la Société des Nations du 25 novembre 1937, resté en vigueur jusqu'en 1971, année où a été mise en service une ligne directe Svilengrad – Kapikule – Edirne – Pehlivanköy, supprimant les détours en territoire grec et réduisant le trajet vers Istanbul à 463 km. En 1926, un service de première classe Combinant train et bateau, « La Flèche d'or / The Golden Arrow », est mis en service entre Londres et Paris Avec des voitures Pullman[24]. En 1930, l'Orient-Express se voit prolongé par le « Taurus Express » qui conduit les passagers plus à l'Est vers Damas (Syrie) ou Bagdad (Irak) voire jusqu'au Caire (Égypte)Dans sa longue histoire, l'Orient-Express a connu plusieurs accidents parfois rocambolesques. Le 30 juin 1919, l'Orient-Express arrivant de Bucarest est bloqué plusieurs jours à la frontière yougoslave, faute de combustible. Excédés par l'attente, les voyageurs finissent par se cotiser pour acheter un wagon de bois et repartir[4,5]. Durant l'hiver 1929, l'Orient-Express se retrouve bloqué par la neige pendant cinq jours près de Tcherkesskeuy en Thrace orientale à 130 km d'Istanbul (Turquie). La température dans les wagons atteint les −10 °C, poussant un

Maharaja à acheter à prix d'or les manteaux des autres voyageurs pour couvrir ses sept femmes. Affamés, certains passagers s'aventurent dehors pour échanger des œufs contre leur bijoux au village le plus proche et finissent par chasser le loup. Cette aventure inspira à Agatha Christie la toile de fond de son roman *Le Crime de l'Orient-Express*[4,17,25]. Le 12 septembre 1931, des terroristes font sauter le viaduc de Biatorbágy (Hongrie) au moment du passage de l'Orient-Express. La locomotive et plusieurs wagons tombent dans le vide, faisant une vingtaine de morts et une centaine de blessés. L'artiste Joséphine Baker Qui se trouvait à bord en sort indemne et se met à chanter pour réconforter les survivants. Dans les années 1930, l'Orient-Express consiste en une famille de trains de luxe reliant l'Europe de l'Ouest à l'Europe de l'Est et du Sud. Il y a trois trajets reliant Paris et Calais (France) à Istanbul (Turquie), Athènes (Grèce) et Constanța (Roumanie) : l'Orient-Express, le Simplon-Orient-Express et l'Arlberg-Orient-Express ; auxquels s'ajoutent des liaisons vers Amsterdam (Pays-Bas) et Bruxelles (Belgique) avec l'Ostende-Vienne-Orient-Express, vers Berlin (Allemagne) et Prague (République tchèque) avec le Berlin-Budapest-Orient-Express et vers Londres (Royaume-Uni) avec La Flèche d'or. Les wagons sont échangés entre les différents trains et parcours aux points d'intersection tels que Vienne (Autriche), Budapest (Hongrie) et Belgrade (Yougoslavie).

- En 1936, la Compagnie des wagons-lits lance le « Night Ferry », le premier train de nuit direct entre Londres et Paris. Il traverse la Manche Grâce à un ferry Ferroviaire dans lequel sont embarqués les wagons-lits La **Seconde Guerre mondiale (1939-1945)**Le déclenchement de la Seconde Guerre mondiale En 1939 marque un nouvel arrêt pour l'Orient-Express. La société allemande Mitropa Lance de nouveau sa version du train de luxe à l'attention des dignitaires nazis en s'appropriant les wagons de la Compagnie internationale des wagons-lits. Mais l'entreprise n'est pas un succès à cause des résistants qui sabotent régulièrement les lignes de chemin de fer. A la fin de la guerre, de nombreuses gares, voies et ponts Sont inutilisables à cause des bombardements et beaucoup de voitures ont été détruites. Au total, 189 voitures ont été perdues et plus de 300 ne sont plus en état de rouler Le **lent déclin**

jusqu'à la fin de l'Orient-Express (1945-2009) Après la guerre, les trois lignes de l'Orient-Express sont remises en service les unes après les autres. À l'automne 1945, l'Arlberg-Orient-Express relie de nouveau Paris et Innsbruck (Autriche) tandis que la ligne du Simplon-Orient-Express est rouverte jusqu'à Venise (Italie). À l'été 1946, l'Orient-Express relie Paris et Vienne. En 1947, le Simplon-Orient-Express se rend de nouveau jusqu'à Istanbul (Turquie), mais Athènes (Grèce) n'est toujours pas desservie à cause de la fermeture de la frontière entre la Grèce et la Yougoslavie. Lorsqu'elle rouvre en 1951, c'est au tour de la Bulgarie D'interdire le franchissement de sa frontière, rendant Istanbul inaccessible jusqu'en 1952[8,17,28]. L'Orient-Express et l'Arlberg-Orient-Express sont progressivement étendus jusqu'à Budapest (Hongrie) et Bucarest (Roumanie). Mais avec la Guerre froide, les « démocraties populaires » d'Europe de l'Est acceptent mal ce « cordon occidental » traversant leurs frontières. Les contrôles aux frontières s'intensifient causant un fort ralentissement de la vitesse moyenne du train. Ce dernier est pris à la fois par les diplomates, les espions et les trafiquants en tout genre, tandis que les réfugiés politiques s'y cachent pour franchir le rideau de fer. Les confortables voitures-lits de la Compagnie des wagons-lits sont progressivement remplacées par des voitures-couchettes Ordinaires des pays communistes qui lancent leurs propres services : le Balte-Orient-Express en 1948, le Tauern-Express en 1951 et le Balkan-Express en 1955. Ainsi l'Orient-Express perd son appellation de train de luxe à partir de 1948.Les tranches multiples du Direct-Orient-Marmara-Express entre Pehlivanköy et Istanbul en mars 1970. Le wagon-lit (rutilant) et là voiture (Places assises), en provenance de Paris, sont au milieu du train, entre le creux du talus et les premiers arbres. L'année 1962 marque un véritable tournant dans l'histoire de l'Orient-Express. À compter du 27 mai, date d'entrée en vigueur du service d'été, faute d'une fréquentation suffisante, l'Arlberg-Orient-Express avec voitures directes pour Bucarest disparaît et est remplacé par l'Arlberg-Express, limité au parcours Paris-Vienne[Note 1]. L'Orient-Express fait le même parcours, mais comprend quelques voitures pour Budapest et une voiture-lits française, quatre fois par semaine vers Bucarest, jusqu'en 1986.Le Simplon-Orient-Express quant à lui est remplacé par deux trains. D'une part, le « Simplon-Express », un rapide quotidien, d'abord limité aux parcours Paris-Trieste du 1er novembre au 15 mars et Paris-Zagreb le reste de l'année, devenant régulier vers Belgrade en 1979 et composé de matériel moderne panaché français et yougoslave, plus une tranche française limitée à Venise avec wagon-restaurant entre Paris et Dole. D'autre part, le « Direct-Orient » pour Belgrade, également quotidien, qui, au-delà de cette ville, se sépare à Niš en deux tranches, l'une vers Athènes et l'autre vers Istanbul. Ce train aux très nombreux arrêts comporte depuis Paris un wagon-lit deux fois par semaine jusqu'à Istanbul, trois fois par semaine vers Athènes, les autres jours limités à Belgrade (ce dernier, sous-utilisé, est rapidement supprimé). En 1967, d'autres ajustements ont lieu à la suite de l'augmentation progressive des voitures directes en provenance d'Allemagne et d'Autriche. La branche Paris-Belgrade conserve l'appellation « Direct-Orient », et deux trains distincts à tranches multiples sont formés depuis Belgrade, l'un vers Athènes dénommé « Athènes-Express », l'autre vers Istanbul dénommé « Marmara-Express », comprenant chaque jour une voiture DEV mixte 1re et 2e classe et quatre fois par semaine un wagon-lit en provenance de Paris. Faute d'une fréquentation suffisante, un an plus tard, la fréquence hebdomadaire de circulation du wagon-lit est réduite à deux (mardi et samedi au départ de Paris). En 1971, la Compagnie des wagons-lits décide de ne plus assurer la maintenance de son matériel et de le louer ou de le céder aux compagnies ferroviaires nationales, en continuant d'assurer le service à bord, par la constitution, pour les voitures-lits, du pool européen *Trans-Euro-Nuit* (TEN), pendant nocturne des Trans-Europ-Express. Cette même année, le Direct-Orient-Express est mis en correspondance, entre Istanbul et Téhéran (Iran) avec le « Vangolü-Express » — actuel « Trans-Asia-Express » — sous l'impulsion du Chah d'Iran Mohammad Reza Pahlavi. L'année suivante, le Taurus-Express entre Istanbul et Bagdad est accéléré et une correspondance est établie jusqu'à Beyrouth (Liban).Le prince Rainier III à la vente aux enchères de voitures de l'Orient-Express à Monaco en 1977.En 1976, la SNCF tente de relancer l'Orient-Express sur les lignes Paris-Istanbul (3 050 km) et Paris-Athènes (3 242 km) en le rénovant et en l'accélérant. Les voitures doivent être plus spacieuses et plus confortables et la durée du trajet doit passer de trois à deux nuits. Mais face aux conflits et aux oppositions politiques, le projet est abandonné. Face à cet échec et à la baisse de fréquentation, la SNCF décide d'arrêter le Direct-Orient-Express. Le dernier train quitte la voie J de la gare de Lyon à Paris le 20 mai 1977 sous les éclairs des appareils-photos de la presse mondiale, après des années d'indifférence générale à son endroit.[28,6,17]. Quelques mois plus tard, cinq voitures de l'Orient-Express, astiquées pour l'occasion mais à rénover complètement, sont vendues aux enchères à Monaco, dont deux sont acquises par le prince de Monaco pour sa collection privée et deux par James Sherwood, fondateur du groupe britannique Sea Containers **(en)**[28,34].Si le train de luxe desservant Istanbul et Athènes a disparu, il existe toujours l'Orient-Express originel circulant entre Paris et Bucarest avec du matériel ordinaire. De plus, plusieurs entrepreneurs décident de créer un train touristique avec du matériel d'époque restauré permettant aux passagers de revivre l'expérience de l'Orient-Express à son âge d'or. Le « Nostalgie-Istanbul-Orient-Express » est lancé par le suisse Albert Glatt en 1976 et le « Venise-Simplon-Orient-Express » par Sherwood en 1982.En 1991, la liaison trihebdomadaire de l'Orient-Express vers Bucarest est supprimée. Le train de nuit se limite désormais au trajet entre Paris et Budapest via Vienne. Étonnamment, en 1998, l'Orient-Express regagne une voiture-lits (roumaine, désormais) qui circule deux fois par semaine jusqu'à Bucarest. Mais en juin 2001, les voitures vers Budapest et Bucarest sont supprimées. L'Orient-Express se limite alors à un train de nuit EuroNight faisant l'aller-retour entre Paris et Vienne À la suite de l'ouverture de la LGV Est européenne entre Paris et Strasbourg en juin 2007, l'Orient-Express ne se résume plus qu'à un service associant le TGV Paris – Strasbourg, en correspondance avec un train de nuit EuroNight circulant entre Strasbourg et Vienne, exploité avec du matériel moderne des chemins de fer fédéraux autrichiens. Finalement, pénalisé par le changement à Strasbourg, qui lui fait perdre ses derniers clients, attirés de plus en plus, par l'attractivité tarifaire des compagnies aériennes à bas prix, l'Orient-Express s'arrête et le train n° 469 quitte pour la dernière fois la gare de Strasbourg le 12 décembre 2009**Le projet de relance (2011-) En** juin 2011, la SNCF Rachète aux enchères sept anciennes voitures de l'Orient-Express dénommés Taurus, Anatolie, Flèche d'Or, Riviera, Train bleu, Étoile du nord et Côte d'azur, du nom des différents trains de luxe de la Compagnie des wagons-lits[4,37]. Elle crée par la même occasion la société Orient-Express dans le but de faire revivre un jour le train de luxe. La SNCF veut relancer dans les cinq à dix ans un nouvel Orient-Express du XXIE siècle avec de nouvelles voitures, en associant l'artisanat d'art de l'époque Art déco au confort et à la technologie contemporaine. En avril 2014, elle présente un concept d'aménagement intérieur[38,39,40,41]. Du 4 avril au 31 août 2014, le train est exposé sur le parvis de l'Institut du monde arabe à l'occasion d'une grande exposition consacrée à l'Orient-Express[42]. L'exposition est un succès avec plus de 250 000 visiteurs[43]. Le 4 octobre 2017, 134 ans jour pour jour après le lancement de l'Orient-Express, le groupe AccorHotels prend une participation de 50 % dans la société Orient-Express au côté de la SNCF. Il va ainsi pouvoir développer une nouvelle collection d'hôtels Prestigieux sous l'enseigne Orient-Express et se renforcer dans le domaine de l'hôtellerie de luxe. Voitures rachetées par la SNCF tirées par la 231 G 558 du Pacific Vapeur Club Quittant la Gare de Glos - Montfort.

- Une fois que le repas et fini ils prennent une dernière coupe de champagne, et il von dormir le lendemain, petit déjeuné et ils arrivent dans la première ville en partant de Paris, l à Istanbul, en passant par Budapest et Bucarest, il découvrira les paysages fascinants de l'Europe centrale pour rejoindre les portes de l'Asie, à Istanbul. Et ensuite départ pour l'Orient-Express fait une halte à Sinaia, pour vous permettre de descendre et visiter le splendide château de Peles. Ils arrivent ensuite dans la capitale bulgare.

- Une visite de la vieille ville et des principaux monuments culturels est organisée à votre attention, avant que vous ne profitiez de la soirée à Bucarest. Mes voilà il sont parti plus longtemps que prévu, Annabelle & Prune se sont deux étudiantes elle sont toutes les deux en Fac de droits mes elle trouvent sa blizzard que Sam leurs offres ce splendide voyage , mes Prune répond tu te rencontres on voyage dans ce train, si romantique et si mystérieux ou tu as la cabine C'est dans la voiture n°2419 de l'Orient Express que le général Foch signera l'armistice de la première guerre mondiale qui a vu les mythiques wagons-lits de l'Orient Express détruits ou dispersés. En juin 1940, c'est dans ce même wagon que l'armée allemande forcera la France à signer l'armistice avant de l'acheminer à Berlin comme trophée de guerre ouvert aux visiteurs. Le wagon sera détruit par les allemands alors que les alliés s'approchaient de la capitale. Le voyage se termine bientôt et Annabelle et tombé amoureuse de Sam, mais malheureusement ce n'ait q 'un rêve et il va bientôt finir.
- Prune a passé ses plus belles vacances avec Annabelle et Sam, il reste plus que 4 jours et les vacances serrons fini et Sam propose à Annabelle de rester il va lui pour ses 4 jours elle accepte. Les vacances fini, chacq' un par de son cauté, il échanges les coordonner et il reste en contact au moins pendant 2 années , et un jours Sam perd le contact , plus aucune nouvelle mes il ne s'inquiète pas , il sait quel veuille devenir avocat , et un jours Sam s'assoit a la terrasse et il aperçois Prune , il l'appel et il prennent un vert ,et Sam demande a prune si elle a des nouvelle de Annabelle elle répond non aucune nouvelle, après leur voyages dans le train mystique, elle ce sont perdu de vue, Sam , demande mes pourquoi je ne sais pas elle était très amoureuses de toi et elle a quitté la France et ses études ,elle a arrêté , je sais quel et marié et a eu une petite fille ,et toi prune moi j'ai réussis mon entrées à la fac de droit et on m'a demandé dans un grand cabinet d'avocat.
- Tu vas accepter je ne sais pas. ?
- Sam fait une proposition a Prune de venir travaillée avec lui ses très bien payer, et elle a acceptait, Prune a réussi dans ses études son diplôme en main, Sam lui propose de venir et d

intègres le Cabinet de détective qui a plus de 150 employés à leurs services.

- Prune accepte cette proposition et elle intègre sont nouveaux bureau spacieux avec vue sur le canal st martin et au bout de 6 ans elle devient associer a par égale et Sam il est ravie Prune elle s'occupe de tout ce qui du service juridiques , surtout dans ses grandes boite il ne faut pas plaisanté avec le droits Prune ses elle qui rédiges, les contrats des clients et en plus lle ouvres son savoir-faire a l'entreprise , et les semaine il y a une réunions, un compte rendue et ce que le cabinet a fait comme économie .
- Sam à proposer à ses collaborateurs, s'il était d'accord de devenir à leurs tours associer ce qui veut dire il travaillera pour eu sans oublier qu il appartienne avant tout à la boite et il on dit oui, et deuxièmement ses qu il rentre en bourse sa ses une idée de prune et ils ont voté et ils sont tous dit oui, en plus ils vont avoir des actions, tous les collaborateurs sont contents.
- Sam a fait savoir qu il comptait repartir et montée et créée une nouvelle boite en Australie.
- Noé étant associer il lui a dit pourquoi pas tu prends avec toi qui toi tu viendras et Prune j'aurai besoin d'elle pour les problèmes juridiques, j'ai tout prévu comme d'habitude, Noé et ravie de faire ce voyage et il confit l entreprises a sont deuxièmes associer qui a toute sa confiance.

- LE DEPART POUR L'AUSTRALIE ET UNE NOUVELLE AGENCE

-

- Sam, Noé, et Prune se prépare pour le départ, ils emmenées des vêtements, et surtout tous les papiers, sa ses le travail de prune. L'Agence a paris ce porte même très bien donc voici le grand départ il sont les billet d'avion en classe affaires il sont supers comptemps s'est une nouvelle aventure il ne connaisse pas l'Australie , ce que veut Sam et Noé ses de s'implante dans tout le monde entiers et ce qui va ce passée il faut compter du départ de paris environs il y a 21 heures de vol et là-bas il est 22h environ donc 10 heures de décalage horaire avec Sydney temp que ça , Sam répond a Noé prune na j'aimais voyager aussi Loing ses la première foi et sa serra pas la dernière , le voyage se passe très bien avec Sydney , il y a une voiture qui les attendent, il vont dans un hôtel, le plus luxueuse Sydney un 5 Etoiles Chaque suite spacieuse est décorée avec soin avec du bois et possède un salon, un balcon, une terrasse privée, une piscine avec une vue imprenable sur la forêt environnante et la mer .
- Prune était ébloui mes elle n'a pas oublié quel venait la uniquement pour le travail il ce sont reposer une journée au bord de la piscine et Sam avait des rendez-vous le lendemain tan disque Noé a profité de sa journée pour aller visité , le soir arrive il ce sont donner rendez-vous au bar de l'hôtel, Prune avait une belle robe rouges et Sam et Noé était en smoking tout le monde les regardais , il était majestueux, simple et gentils et la-il sont fait la connaissance d'un riche milliardaire qui était venue dans ce palace pour retrouver sa femmes, il y avait des amis qui sont arrivé hier dans une des suite ses que le milliardaire a fait savoir a Sam, il a demandé si il voulait se joindre à eux et Sam a répondu oui mais on ne veut pas vous dérangé mes non jeune homme sa me ferra très plaisir de vous avoir en plus vous êtes français mes vous faite quel profession nous sommes détectives privé notre cabinet il se trouvent à Paris, je suis venue avec mes deux associer nous voulons nous établir issis enfin disons plus on voudrais ouvrir un deuxièmes cabinet nous avons rendez-vous demain avec des personnes qui serrais intéresser par notre projets en France nous avons 150 personnes qui travaillent pour nous et nous serons très prochainement en bourse, le milliardaire lui dit a Sam ses très intéressants et pourquoi issi je sais que l'Australie il y a beaucoup de Français qui s'établisse et

pourquoi pas l'Australie oui jeune homme je suis d'accord a voici ma femme, entre temp prune et Noé arrivent et il se présentent, équipe d'associer à ce monsieur et Sam dit que nous sommes à cette table nous sommes convier à manger à cette table , qui on voit arrivée on n'en croyait pas nos yeux c'était Annabelle et ses la femme de notre Milliardaires surprise elle n'en revenait pas , Prune fait la remarque bonjour Annabelle comment tu vas, je vais très bien son mari surpris demande si il ce connaisse et Annabelle répond oui très bien nous étions étudiantes en droit nous avons fait un voyage ensemble avec Sam a bon alors c'était vous oui Monsieur c'était nous de toute façon on en reparlera , les invité et amis de nos haute sont arrivé tousse très riche et surtout il allais nous aider à réaliser ce projet si intéressent la soirées fini les échanges de carte et il nous on demande ou vous êtes descendu , nous somme descendu issi Monsieur , demain on viendra vous chercher nous avons une villa il y a 7 pièces pour vous accueillir, Sam et Noé sont contemp mes gêner , et il accepte ses une villa magnifique plutôt une propriété Cette maison est l'une des résidences les plus luxueuses et les plus recherchées le long de la célèbre côte de Sydney. Près de la plage de Bondi, Annabelle était gêner et elle Evita à chaque fois quel voyait prune, mais un moment donner elle et tombe sur Sam et la-elle n'a pas eu le temps de s'éclipser et prune et Noé sont arrivé et là il a fallu quel s'explique pourquoi quel n'a plus eu de nouvelle et surtout à prune c'était des meilleurs amis du monde et la Annabelle a répondu oui je sais mes entre temp j'ai eu des problème donc il a fallu que j'arrête mes études mes pourquoi que ses-t-il passée demanda Prune tu pouvais tout me dire et la Annabelle a expliqué quel s'était retrouvé à la rue , mes pourquoi tu m'a rien dit à cause de ma dignité, SAM répondu oui mais moi toi Sam tu était amoureux d'une autre femme et je ne suis pas à la auteur et ses-là que j'ai rencontrées un homme qui est devenue mon époux je lui ait dit que j'avais aucune fortune mes il m'a répondu je suis tombé amoureux de toi pas pour tes sous mes pour t on intelligence et ta générosité ,j'aimerai t'épouser ,et j'ai dit oui je l'aime il est très gentils ,mais je ne dis pas le contraire répondu Sam.

- Annabelle a die a Sam tu es un amours tu m'a fait découvrir un voyage à travers le temps, un rêve inoubliable, mes que faite vous tous les trois issi nous allons crées une nouvelle agence de détective privé et t on mari nous a invité tout le temp qu il faut mes toi Prune , j'ai réussi mes examen pour devenir avocate je devais intégrées un cabinet très célèbre, mais j'ai refusé, j'ai revue entre temp Sam et il ma proposer de travaillée avec lui et j'ai accepté, je suis devenue avocate en entreprise Annabelle répond ses ce que tu voulais mais en plus je suis devenue par la suite associer avec Sam et Noé ses moi qui vérifie tous les contrat, et dans la boite à Paris ses moi qui établit les contrats, vous reparte quand a Paris a la fin de la semaine bon alors je vais vous faire visité la ville oui nous sommes d'accords mes avant j'ai des rendez-vous ,pas de problème mes avant mon mari veut vous parler il est ou-il se trouvent au bord de la piscine, bon nous allons le rejoindre, le mari de Annabelle nous a fait par d un projet voilà j'ai réfléchie.
- Nous avons des bureaux à Sidney qui ne sont pas occuper je vous propose de vous les mettre à votre disposition pour crées une agence si vous êtes d'accord on va aller les voir et si sa vous plais on pourra établir un contrat et en plus je vous envairais des clients, oh oui sa serrais génial, et les loyer , ne vous en fait pas pour sa je le fait pour l'amours de Annabelle et j'ai beaucoup d'argent nous en Australie nous devons parrainer des nouveaux projets j'ai une fondation et beaucoup d'argents il faut que je fasse bénéficier des jeune entrepreneurs , on va visité et après vous nous donnerai votre réponse, Sam à répondu, nous sommes d'accord, il sont parti visité les bureaux et il se sont mis d'accord .
- Prune à examiner le contrat de location tout était conforme mes Noé demandent ou et le piège ? il Ny en na pas par contre en échange, j'aimerai avoir des actions de cette entreprise, Sam demande à ses associer s'ils sont d'accord après m in the réflexion il dise oui et deux jours, après il signe le contrat pour une durées de 3 ans renouvellement il sont comptent, et une foi que le contrat signé, ils vont faire du tourisme avec Annabelle, elle leur fait visiter la ville, son mari lui il continue ses affaires.

- Annabelle raconte à ses amie(ies) que Sydney est la ville la plus peuplée d'Australie et du continent océanien, ainsi que la capitale de l'État de Nouvelle-Galles du Sud. Annabelle rajoute Elle est située dans le Sud-Est du pays, sur les rives de la mer de Tasman. Avec une aire urbaine comprenant, en 2016, une population de 4 823 991[4] sur près de 12 300 km², Sydney se place devant Melbourne et Brisbane pour ce qui est du nombre d'habitants. Sam tu sais comment les habitants s'appellent les *Sydneyites* ou *Sydneysiders* en anglais Et les Sydnéens en français. Oui bravo Durant la seconde moitié du XXe siècle, Sydney devient peu à peu le cœur économique de l'Australie et le principal centre financier de l'Océanie. Barangaroo et le centre d'affaires de Sydney (plus familièrement appelé *« The City »* par les habitants) accueillent ainsi de nombreux gratte-ciels — la World Tower et la Sydney Tower notamment — et sièges sociaux d'entreprises, mais aussi de vastes parcs, comme Hyde Park ou les *Royal Botanic Gardens*. Darlinghurst est le quartier gay de la ville ; les banlieues de Woolloomooloo et Glebe, au nord du centre-ville, sont des quartiers en pleine gentrification. Sydney est en outre une destination touristique internationale, connue aussi bien pour son quartier central historique The Rocks que pour ses deux monuments principaux, l'opéra et le Harbour Bridge. Elle comprend les plus grands musées d'Australie, tels l'Australian Museum, la Galerie d'art de Nouvelle-Galles du Sud et le musée de Sydney, le zoo de Taronga et le Luna Park, l'un des plus anciens parcs d'attractions au monde. Noé et Prune vous saviez que Sydney accueille de grands événements comme les Jeux olympiques d'été de 2000 ou les journées mondiales de la jeunesse 2008. Des millions de touristes viennent chaque année pour visiter les monuments de la ville. Sydney est aussi la porte pour l'Australie pour de nombreux visiteurs. La baie de Sydney, le parc national Royal et de Sydney Harbour, la cathédrale Saint-André et Sainte-Marie et la plage de Bondi sont des lieux d'intérêts de la ville. Sydney est le deuxième siège après Canberra du gouvernement australien, ainsi que deuxième lieu officiel de résidence du gouverneur général et du Premier ministre d'Australie. 250 langues différentes sont parlées dans la ville et un tiers des habitants parle une autre langue que l'anglais chez eux. Non je ne le savais pas répondue Sam tu en connait des chausse oui pas mal je me suis renseignée auprès des bibliothèques j'ai lu aussi beaucoup tu as vu dans la Maison il y avait une bibliothèque oui elle et très belle et tu as des livres très anciens oui ses vrais on continue oui bien sûr en plus il fait très beaux un temp idéal pour faire du tourisme, alors je continue, en plus **Sydney est** en outre une destination touristique internationale, connue aussi bien pour son quartier central historique The Rocks que pour ses deux monuments principaux, l'opéra et le Harbour Bridge. ... **Sydney est** aussi la porte pour l'Australie pour de nombreux visiteurs, les monuments Pour une majorité de voyageurs, Sydney est une destination phare : c'est sans conteste la ville qui accueille le plus grand nombre d'arrivées et celle par laquelle presque tout le monde passera au moins une fois au cours du séjour. Cette irrésistible attraction, il est aisé de la comprendre : la capitale du New South Wales affiche un profil international sur la scène du tourisme autant que de la culture, du divertissement comme du commerce.

- La silhouette immaculée et déstructurée de son Opera House, classée au patrimoine mondial de l'UNESCO, a valu à son architecte, le danois Jorn Utzon, la plus haute distinction de sa profession. Reconnu par tous comme l'un des bâtiments les plus iconiques du 20ème siècle, l'opéra de Sydney est l'un des plus forts symboles de l'Australie de par le monde. Ses passionnant répond Noé mes on aura jamais le temp de tout visité Sam répond si vous voulez on peut rester tout le mois sa vous dirait a oui on veut bien bon on fait comme cela nous on aimerai être autonome on voudrais louer une voiture et avoir un logement ou une maison ou une villa comme cela on ne vous dérangera pas je vais demander à mon époux, répondue Annabelle ça ne vous gênes pas non ses votre choix on continue oui bien sûr , Noé répondis moi j'aime déjà l'Australie et moi aussi Annabelle répond tu voix pourquoi moi je ne suis pas parti oui m intenant on comprend mes quand même tu aurais peu nous donner des nouvelle enfin bref on ne revient pas sur le passée répondue Prune allée on continue oui vous avait des monuments qu il faut allée voire comme la silhouette immaculée et déstructurée de son Opera House, classée au patrimoine mondial de l'UNESCO, a valu à son architecte, le danois Jorn Utzon, la plus haute distinction de sa profession. Reconnu par tous comme l'un des bâtiments les plus iconiques du 20ème siècle, l'opéra de Sydney Est l'un des plus forts symboles de l'Australie de par le monde. L'élégant édifice se situe sur Circular Quay, les docks piétons et animés du centre-ville de Sydney : snacks, bars et cafés se pressent le long des quais pour accueillir une foule de locaux et de touristes venus profiter du beau temps, de la brise marine et de la vue sur les eaux bleues de Sydney Harbour.Circular Quay, c'est aussi une véritable plaque tournante de la cité : métro, bus et ferries convergent ici, tandis que l'énorme et massive silhouette bossue d'Harbour Bridge s'élance pour relier rive sud et rive nord. Long d'un peu plus d'un kilomètre, Harbour Bridge est l'autre icône architecturale de la ville de Sydney : un pont superlatif parmi les plus hauts, longs et larges du monde. Un véritable monument qui supporte trafic routier, ferroviaire, cyclistes et piétons, tout en offrant une vue souveraine et dégagée sur le port qu'il surplombe avec panache.il y a aussi les lieux iconiques de l'autre côté de l'opéra se déroule l'étendue verdoyante et soigneusement entretenue des jardins botaniques. À l'entrée, une sobre pancarte souhaite une chaleureuse bienvenue : les visiteurs sont cordialement invités à marcher sur la pelouse, amener un pique-nique, étreindre les arbres et parler aux oiseaux. En plein cœur du plus beau parc de la plus grande ville d'Australie, touristes, travailleurs et écoliers peuvent venir se détendre et déjeuner dans l'herbe, vue panoramique sur l'opéra incluse, dans une ambiance sereine et bon enfant. Une exploration plus poussée des jardins révèle tour à tour bassins, palmiers, roseraies et végétation endémique, et permet de faire ses premières rencontres avec la faune australienne : cacatoès et roussettes fréquentent en masse les arbres des jardins, où ils aiment à se nourrir de noix et de nectar. À leur extrémité sud, les jardins débouchent sur le « Domain », vaste pelouse qui accueille toute l'année une grande variété de concerts et d'événements en plein air, ainsi que sur l'Art Gallery of NSW, l'une des plus importantes galeries du pays : les œuvres d'Australie et de la région Asie-Pacifique sont nombreuses, allant de l'art aborigène traditionnel à l'art contemporain, de la peinture à la photographie en passant par la sculpture. A l'autre bout de Circular Quay, côté ouest dans l'ombre d'Harbour Bridge, la visite culturelle de la ville de Sydney se passe aussi sur le terrain dans le quartier des Rocks. Établi dès la naissance de la cité en 1788, il comporte encore de nombreuses bâtisses historiques construites en grès, pierre à la couleur chaude disponible en abondance dans la région lors de l'arrivée des premiers colons. Le cachet pittoresque de ce voisinage préservé en fait un aimant à touristes et les commerçants l'ont bien compris : on trouve ici les plus vieux pubs de la ville de Sydney, mais également des galeries d'art et des magasins de souvenirs chics vendant opales et akubras (la version australienne du chapeau de cowboy).et Annabelle, continua Plus abordables, les marchés des Rocks se tiennent tous les week-ends dans les rues, et les stands ombragés sous des toiles tendues de droite à gauche proposent de l'artisanat à gogo. Depuis les Rocks, il est facile de rejoindre la City à pied en arpentant des avenues où l'architecture victorienne côtoie les gratte-ciels modernes de verre et d'acier. La plus haute tour de toutes, la Sky Tower (aussi connue sous le nom d'AMP Tower ou Centerpoint Tower), est ouverte au public. À 250m du sol, une plate-forme d'observation révèle des vues panoramiques sur la ville de Sydney. Encore plus haut, la SkyWalk permet de fouler le toit de la tour, ouvert aux quatre vents, à une hauteur similaire à celle de la Tour Eiffel. Une vertigineuse expérience qu'il est également possible de connaître en effectuant l'ascension d'Harbour Bridge, de jour comme de nuit. Vue imprenable et sensations garanties ! Au sud-ouest du centre, accessible à pied via Chinatown ou par ferry au départ de Circular Quay, Darling Harbour est un autre grand centre de divertissement : tout autour d'une marina protégée où sont amarrés de jolis voiliers, s'est bâtie une promenade riche en bars et restaurants. C'est aussi le point de départ pour de belles balades en bateau, notamment un déjeuner croisière dans la Baie de Sydney. L'occasion de se régaler tout en admirant la ville depuis les eaux. On y trouve également des distractions telles qu'un casino, une salle de cinéma IMAX, l'immense aquarium de Sydney et même un zoo, le Wildlife World. Ce dernier se consacre uniquement à la faune australienne : kangourous, koalas, wombats, serpents, casoars et animaux nocturnes moins connus tels les bilbies ou les quolls sont les stars d'installations reprenant les différents environnements (arides, tropicaux...) du pays. Une approche différente de celle du zoo de Taronga, le plus grand et le plus célèbre, qui situé sur 21 hectares de la rive nord du port, accueille des animaux du monde entier, le tout en plein air et avec vue sur l'opéra. Quant à l'aquarium, il honore les habitants des fleuves comme ceux des océans, des tortues aux requins en passant par les crocodiles et les ornithorynques ! Prune répond ses vraiment passionnant on pourra faire tout ça oui j'espère et pour vous trois la plage ah sa ses biens je pourrez me faire bronzer une après cette visite très urbanisée de la ville de Sydney, il sera grand temps de changer de cap et de visiter les plages : sable blanc, eau limpide, vagues déferlantes, les banlieues de Bondi et de Manly sont des sites incontournables pour bronzer, se baigner, surfer, voir et être vu. Ici, le mythe de la qualité de vie à l'australienne prend tout son sens : la possibilité de travailler dans la plus grande métropole du pays, de venir faire son jogging au bord de la plage pendant la pause déjeuner, et de passer le week-end sur sa planche, avant de terminer la soirée par un barbecue. Vous avez aussi les alentours le climat tempéré de la ville de Sydney, fait d'étés longs et chauds et d'hivers plutôt doux, avec des précipitations modérées réparties sur l'année, se prête au jeu de cet attrayant quotidien. Tout autour de la baie et le long de la côte, les plages et les rivages se succèdent : au sud, Watsons Bay, ses falaises, son phare et son légendaire restaurant de « fish'n' chips ». Au nord, par-delà Manly, s'étendent les Northern Beaches et la péninsule de Barrenjoey, avec vue sur un isthme fin bordé de deux plages, côté fleuve et côté océan. Des destinations de proximité qui se découvrent facilement en un week-end ou une journée, et permettent de se dégourdir les jambes dans un cadre mi-naturel, mi-urbain. Par exemple en empruntant les chemins qui relient Bondi à Coogee en passant par les plages de Brönte et Tamarama, ou en explorant les sentiers boisés allant de Manly à The Spit.

- Via le parc national de Sydney Harbour. Le magnifique écrin naturel au creux duquel repose la ville de Sydney ne s'arrête pas là : si elle est bordée à l'est par l'Océan Pacifique, elle est aussi entourée sur la terre ferme par une collection de parcs nationaux débordants de végétation et de possibilités. Au sud, près de Cronulla, le Royal National Park qui préserve une côte idyllique de plages et de falaises. Au nord, le Ku-ring-gai Chase National Park qui englobe des collines boisées où serpentent le fleuve Hawkesbury et ses nombreux affluents. À l'ouest, le relief brumeux et envoûtant des chaînes de grès des Blue Mountains. Trois environnements bien distincts, riches en sentiers de randonnée et en aires de pique-nique et de camping, où, au détour d'un chemin, on peut avoir la chance de tomber nez à nez avec un kangourou, un wallaby ou un varan, et d'observer dans les buissons une myriade d'oiseaux colorés qui virevoltent de bourgeon en bourgeon.

- Accessibles par les transports en commun, pouvant se découvrir en une journée depuis le cœur de Sydney, ces trois parcs nationaux nous rappellent qu'en Australie, la nature n'est jamais bien loin, voilà tout ce que vous pourrez faire aller on rentre sitôt de retours de cette belle promenade Annabelle parle avec son époux et lui explique tout ce que la racontées et qui désirer être autonome pour pas les déranger ses **parce qu'eux**, il ne se plaise pas chez eu au contraire mes il aimerai êtres comme des touristes mes pas comme des milliardaire dit Sam alors le mari de Annabelle donne a Sam les coordonner d'une de ses amie ses quoi vous pouvez nous en parler bien sur ses une maison d'hôtes est équipée de la climatisation réversible, d'un lave-vaisselle, d'un micro-ondes, d'une machine à café et d'un bureau. L'établissement possède également une terrasse bien exposée. La salle de bains commune est pourvue d'un sèche-cheveux et d'une douche. Vous trouverez des pubs locaux, des cafés et des restaurants haut de gamme à proximité.sa vous conviens oui pourquoi pas et on aura besoin d'une voiture pas de problème venez avec moi vous pourrez choisir une voiture parmi toutes les autres, ils ont trouvé entre temp il appel la personne qui dirige la maison d'hôtes et il leur réserve trois chambres , ses Annabelle qui les en mène en voiture pour éviter qu il ce perdes , elle repars et Sam, Noé et Prune s'installe , Sam frappe a l'apporte de prune pour savoir si elle voulait prendre un cocktail avec Noé juste en bas dans un petit café très sympas et il décide de rester manger mes entre temp Noé préviens la propriétaire qu il von rentrées tard et il ne mangerons pas issi, Noé précise a la propriétaire de les réveillez demain à 11h30 pour un petit déjeuner Noé rejoint Sam et Prune alors Sam on fait quoi demain, j'ai demandé à la propriétaire de nous réveiller a 11h30 tu as eu raison, tu as pensez à envoyer un fax à paris oui dit Noé alors demain nous allons jouer les touristes mes la-il se fait tard nous allons rentrer nous coucher car nous sommes fatigues .

- Le lendemain petit déjeuner copieux il prenne une carte et la voiture et en route pour les visites alors où allons-nous il y a tellement d'endroits, de villes et de merveilles à découvrir dans ce grand pays, qu'il a fallu faire un choix ! Sam demande s'ils sont pris leur maillot de bain oui pourquoi alors la première journée sa serra Les plages de Bondi Beach et Manly Beach vous raviront par leur beauté, et leur accessibilité depuis le centre de Sydney.et nous pourrions allée dans les endroits les plus brancher de la ville oui le quartier de Darling Harbour est fait pour vous ! Au centre de la ville cet endroit regroupe les meilleurs restaurants, bars de la ville avec une sublime vue sur la marina de Sydney.

- Sam propose des itinéraires pour chaque jour voici l'itinéraire 1°la Grande Barrière de Corail est le plus grand ensemble corallien de la planète2° Un immense désert, une route, un rocher et... des millions de mouches ! Bienvenue à Uluru !3° Tout au nord de l'Australie se trouve 2 parcs nationaux qui font rêver tant par leurs tailles que par les choses à y découvrir ! La semaine et fini et ils sont obligés de repartir, ils sont reçus un fax comme quoi il devait repartis entre temp, Noé a fait les boutiques de souvenir, et il a ramené une peluche comme porte bonheur qui métrât dans le bureau

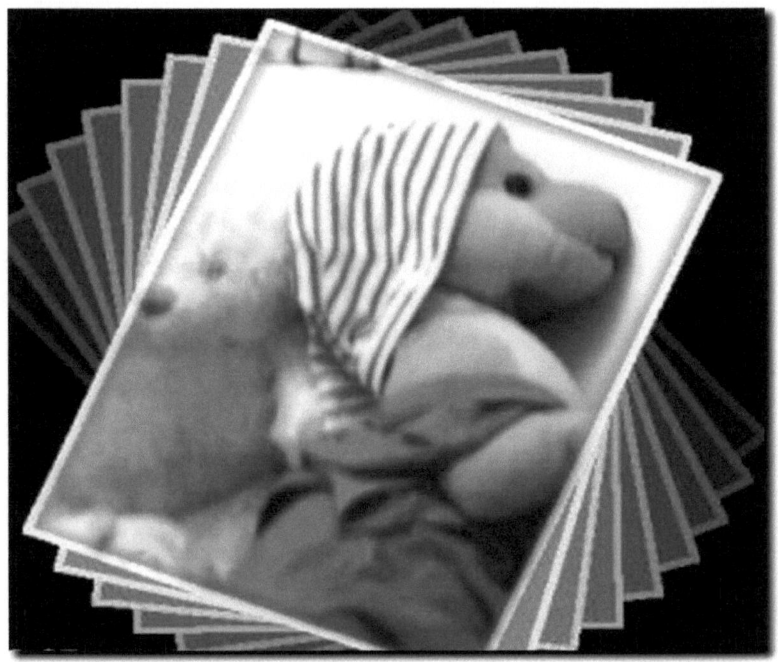

- En Australie les peluche de Kangourou sont très demande car elle porte bonheurs Sam demande à Noé tu la trouvé où je les trouvé dans un magasin de peluche ancienne et, elle et très vieille donc j 'ai écouté le vendeur tu as eu raison tous, les bagages sont faits une dernière fois, il von dire aurevoir à Annabelle et a son mari et les remercie pour tout et départ pour Paris. 12 :44
- Ils arrivent à Paris il vont directement au bureaux il raconte vite fait ce qui s'est passée et il explique qu il son signée un contrat pour les bureaux et maintenant il faut définir les personnes désirants travaillé la bas une des collaborateur pas marié décide de se rendre, elle n'a aucune attache, elle et libre comme l'aire Sam et Noé sont d'accord et prépare le départ de cette collaboratrice lui trouvent un appartement et en route pour l'Australie, elle et toutes contente, et elle fait des miracle au bout de 1ans elle double le chiffres d'affaires et embauches des personnes qualifier et surtout qui habite l'Australie, tous se passe pour le mieux il sont beaucoup de clients et de l'argent mais

il Faus a nouveaux investirSam a tout prévu voici la dernière destination qu il sont choisi. Le CANADA.

- Sam et parti avec Prune au canada prune l'accompagne toujours n importe où et elle est super content cette foi il loue un jet privé, et destination la canada et dans l'avion Prune demande tu en ait sure pour le canada on connait personnes oui j'en suis sûr, en plus il y beaucoup de Français a bon oui ses un paye magnifique les habitants sont chaleureux prune répond oui je sais je connaisse dans la fac de droit une jeune femme canadienne on discuter ensemble elle avait un accent c'était marrant, elle m expliquais que si tu avais un jours d allée dans notre pays tu devais absolument allée au quartier français ou tous les étudiants se retrouvent ha bon répondu, Sam mes nous ses pour le travail demanda Prune ,oui je sais tu as une adresse oui le mari de Annabelle m à donner une adresse de la personne que je dois voir de toutes façon on ne reste pas longtemps combien de temp deux jours une fois que nous, Auron trouvé les locaux on signe et on s ent va si tu veux rester Prune tu me le dit, sa serra possible j'en serais heureuse même pour y vivre mes Noé il dira quoi, rien du tout , alors on va au rendez-vous oui nous somme sorti de l'aéroport pour la destination de notre hôtel, nous demandons au chauffeurs de taxi si il connaisses cette adresse il m'a répondu oui donc on lui a demandé de venir nous chercher demain à notre hôtel, il a répondu oui , comme prévu.
- Notre taxi nous attendais et nous a conduit à l'adresse qui était m ensionnée et là nous avons rencontré un monsieur très gentils qui nous a accueilli et nous a fait visité les bureaux et le quartier prune était contente elle a regardé les documents et le lendemain nous avons signée , nous étions content de cette investissements, donc nous avons décidé avec Prune de rester au moins 1 ans ou plus au canada , les français sont très bien accepter surtout si vous faites des affaires, donc il sont décider de visité le canada ,ses un pays fabuleux magnifique ,il sont demande , a des personnes ou se trouvait une agence de voyage on leur a indiqué l'adresse et il y on était-il voulais faire , l'agence, leur a donner un itinéraire si fabuleux ses celui des randonnées à faire dans l'Ouest canadien, prune répond a oui sa

me plais on le fait Sam il répondue oui et Prune demande à l'agence de voyage qu'il lui explique en gros alors ses e Une promenade pieds nus sur les plaines salées, une balade sur un sentier d'art autochtone, une randonnée épique de plusieurs jours ou le tour d'un lac de renommée mondiale, il y a assurément une randonnée pour vous dans l'Ouest canadien. Téléchargez l'application de Parcs Canada et profitez au maximum de votre expérience grâce aux cartes de sentiers utilisables hors ligne et aux précieux conseils sur la randonnée. Vous pouvez faire des photos après vous pouvez faire si vous par contre il faut un guide et surtout avoir l'habitude de style Trois camps de base dans les Rocheuses pour profiter au maximum des randonnées.

- Banff et ses vertigineuses parois calcaires ; Yoho, ses lacs, cascades et glaciers ; Jasper, ses lacs et sources chaudes. La découverte de la grande faune sauvage (ours, chèvres blanches, mouflons, wapitis...) et des sources chaudes de Miette Hot Springs !Un guide supplémentaire à partir de neuf participants. Haut lieu de la randonnée au Canada, c'est l'une des chaînes de montagnes les plus belles du monde : 4 800 kilomètres, du Yukon à la frontière du Mexique. Glaciers suspendus se reflétant dans les lacs bleu turquoise ou vert émeraude, forêts sombres abritant ours noirs, grizzlis, coyotes ou cougars, torrents bondissant au fond de gorges étroites..., à l'ombre des premiers trappeurs s'offre le grand spectacle de la nature : les Rocheuses mythiques. Bienvenue dans l'Etat de l'Alberta, qui abrite ces joyaux ! Prune elle répond oui mais non je n'en ait j'aimais fait donc je ne préfère pas prendre de risque , vous avait autre chausse à nous proposer , oui dans ses qu'a là vous demande a une personne qui vie issi il ou elle vous ferra visité notre payes , prune regarde Sam et lui fait cette proposition si tu veux je pourrez voir avec mon ancienne copine qui abhite issis mais tu ses où elle se trouve , j'ai sont anciennes adresse on y va , Sam répond oui sa serra mieux que l'agence de voyage il dise merci et or voir , il y a un petit café en bas d'une rue tenue par des Français mes sa on ne savait pas c'était un endroit reposent, l'ambiance très sympas et o s installe le propriétaire ses mis à discuter avec nous on lui a demandé ça fait combien de temp que vous êtes la haut sa fait 6 ans nous sommes tombé amoureux de ce paye.

- Prune demande si il connaisse des endroits et des lieux ou on pourrez allée tout dépend combien de temp vous rester, Sam répondue on va dire un à deux moi , nous somme issi pour faires des affaires mes nous avons également du temp de libre ses pour cela que nous recherchons une personne qui pourrez nous servit de guide , a oui, pourquoi pas alors qui est cette personne et pouvez-vous me dire comment on doit le contacter, et le propriétaire, répond pas la peine ses moi ses vous et votre café au ne vous inquiéter pas ses ma femme qui va s'en occuper elle a l'habitude je suis aussi guide Sam répond alors sa ses génial, on accepte bien volontiers voici ce que je vous propose L'archipel des Mille-Îles, une destination très en vogue, Véritable porte d'entrée sur l'archipel des Mille-Îles, la petite ville de **Gananoque** vous permettra de le rejoindre en bateau tout au long de la journée. En été, la ville est prise d'assaut par les touristes qu'on appelle justement les « Island ers », la plupart d'entre eux partant de Gananoque pour découvrir les îles.
- On pourra aussi nous rendre dans un petit village de pêcheurs moins fréquenté par les touristes, Seeley'sBay. Avant d'embarquer, il faut prendre le temps de visiter ce charmant village bordé par le fleuve Saint-Laurent et situé à une trentaine de kilomètres de Kingston. Son nom d'origine amérindienne nous rappelle qu'il était habité bien avant que les colons français et anglais n'y débarquent. Côté pratique, la ville offre une large gamme de restaurants et d'hébergements on pourra si vous le souhaiter pour prendre des photos. Enfin, pour ne pas vous y perdre, notez que Gananoque est souvent surnommée « Gan » par les locaux désireux d'économiser leur salive ! Pour partir à la découverte de l'archipel, la compagnie de bateaux **Gananoque Boat Line.**
- Propose ses services plusieurs fois par jour. À partir de là, on comprend donc qu'une seule journée est véritablement nécessaire pour découvrir l'archipel, à moins que vous ne souhaitiez également visiter les environs. Notez que vous n'avez pas besoin de faire de réservation pour les croisières, il vous suffit d'arriver 30 minutes avant le départ pour vous assurer d'avoir une place. Nous on était d'accord on ses donner rendez-vous le

lendemain matin et nous avons fait cette visite, avec des superbe photos nous sommes restées deux jours et prune trouvé cette région de plus en plus belle, mais Prune elle voulait retrouvé sa meilleurs amie qui se trouvait à la fac , donc il demande au taxi de les emmener à cette endroit, et là, la surprise, elle était prof a cette fac de droit , quel surprise elle présente Sam a sont amis et elle leur a demandé ,combien de temp vous allée rester Sam répond entre un moi et deux moi , alors vous êtes mes invité pendant tout ce temp on pourra ce raconter ce que qui nous ai arrivée oui sa serra un très grand plaisir Sam ce Santer gêner , mais il accepte il von chercher leur affaires et il se donne rendez-vous en bas de l'hôtel elle nous attendait dans sa voiture, Sam il la trouvé très belle et il la dit a prune une magnifique femme brune avec des yeux d'un bleue au faite comment s appel t on ami prune a je ne te les pas dit non elle s'appelle Alex-Cendrine, elle s'est marié avec un professeur en littérateur, on monte dans la voiture, et là on arrivent dans son appartement un duplex avec une superbe terrasse elle nous a présenté son mari très gentil, et leurs trois enfants.

- Alex-Cendrine prépare le repas ses enfants vont manger dans la cuisine et il s'installe a table pour déguster ce fameux repas et elle dit à son mari qu il vont rester pendant un mois ou deux dans notre si beau paye et son marie répond sa ses bien mais tu as des vacances à prendre Alex -Cendrine oui deux moi tu les poses et tu t'occupes de tes amis oui mais tu pourras le faire au oui pas de problème je que je vous ait pas dit ses mon conjoint et époux qui est directeur et les élèvent il son passé tous les examains , bon ces d accord répondis Alex -Cendrine, bon ces d accord répondis Alex -Cendrine,, voici les différents endroits que nous pouvons faire son mari lui répond, tu sais mon cousin peut vous aider sa dépend il est au canada oui il est revenue ok tu me dit quand il serra dispo je vais l'appeler ,comment il s appel , son prénom et Guy , alors ça sonne oui il répond et il accepte il est libre à partir de demain ok alors on lui a 9HOO pour un café oui Guy et d accord et le lendemain il sont décider de partir une journée au Les chutes du Niagara. Prune répond ses un endroit que j'ai rêvé de voir j'ai, vue des films qui on était tournée mes ses pas trop dangereux non il y a des protections nous somme arrivée et Guy nous explique car il est très fort en histoire il nous raconte que Les chutes du Niagara, a bon sa je ne savais pas répond Prune, sont un ensemble de trois chutes d'eau situées sur la rivière Niagara qui relie le lac Érié au lac Ontario, dans l'est de l'Amérique du Nord, à la frontière entre le Canada et les États-Unis :Guy demande a Sam si il connait les non des de trois chutes d'eau Sam répond en réfléchissant non je ne les connait pas alors voici les non es « chutes du Fer-à-Cheval » (Horseshoe Falls) ou « chutes canadiennes » ;les « chutes américaines » (American Falls) ;les « chutes du Voile de la Mariée » ses vraiment vrais oui Prune ses ce qui raconte les guides pour les visiteurs mes ses impressionnants oui je suis d'accord vous pouvez faire des photos mes attention de ne pas aller trop au bord mes de toutes façon nous sommes très prudents il vaut mieux Alex –Cendrine que tu Retrouve Sam et Prune tu nous prendra en photo ,comme cela on pourra faire voir des belles photos quand on va revenir à paris.

- Guy demande à Sam et a Prune s'il doit continuer de raconter l'histoire des chutes du Niagara oui bien sur nous sommes fascinait tu as vue Prune le monde mes ses un endroit magnifique, Bien qu'elles ne soient pas particulièrement hautes (57 m), les chutes du Niagara sont très larges. Avec un débit4 de plus de 2 800 m3/s, elles sont les chutes les plus puissantes d'Amérique du NordN 1 et parmi les plus connues5 à travers le monde. Renommées pour leur beauté, les chutes du Niagara sont aussi une source immense d'énergie hydroélectrique et leur préservation est un défi écologique. Cette merveille naturelle, haut-lieu du tourisme depuis plus d'un siècle, est partagée par les villes, jumelles de Niagara Falls (New York) aux États-Unis et Niagara Falls (Ontario) au Canada., une foi qu il sont fini de faire des photos et des vidéos il reparte fatiguées de cette journée mes très heureux de l'avoir fait, Alex- Cendrine et Prune d discute très attentivement, elle discute de la passée et de l'avenir et Sam et Guy discute de leurs cauté et demande à Sam ce qui fait dans la vie il répond j'ai plusieurs agences de détectives privées je suis implanté en France, au Japon, et aussi en Australie et maintenant aux canadas.

- Prune elle est avocate d'affaire elle est avec nous sa fait 4 ans et elle est associer , nous sommes cauté en bourse ses très intéressent Guy répond a Sam et vous Guy que faite vous dans la vie je suis chercheurs de têtes pour des grand groupes internationaux je gagne très bien ma vie mes affaires se porte très bien mes pourquoi pas travailler avec nous propose Guy a Sam , je vais en parler a Prune mes sa serrais comme un partenariat oui on va dire cela vous réfléchisse et on n'en reparle Alex- Cendrine demande à Guy si il reste pour diner et il accepte, le mari de Alex Cendrine, n'est pas encore rentrées, il passe chercher les enfants à l'école et il sera très en retard Sam demande si il peut téléphoner et Alex -Cendrine lui dit oui pas de problème, mauvaise nouvelle Sam doit rentrer de toutes urgence à Paris il doit partir demain prune demande, il se passe quoi il y a un problèmes un gros incendie, il sont essayer d'appeler l'hôtel, mais nous y étions plus, ses arrivé quand hier dans la nuit donc je rentre prune répond nous rentrons tous les deux d accord je réserve un jet privé, le lendemain départ pour paris en jette privé une voiture de la société vient les chercher , il vont tout de suite voire les dégâts qui sont considérable , mais heureusement pas de blesser , a parement d'après l'enquête, elle serrais accidentelle ses à cause d'une **cigarette mal éteinte**, qui serrais tombé sur la moquette et pour temp il y a des différents panneaux qui interdit de Fumé ce trouvait à cauté de la moquette .

- Sam trouvent sa un peu bizard q ‘un panneaux ce trouvait là ,et il procède avec l'accord de Noé je procéder à une enquête et ses Noé qui décide de procéder au recherches en temp que détectives Sam a confiance a Noé et ses sur qu il va trouver quand il y a eu l'incendie Noé a trouvé des chausses un peut bizard dans le bureaux de Prune, en fin de compte le voyage en Australie et au Canada c'était pour piéger Prune Sam avait demande a Noé de vérifier les compte des société avec l'aide de leurs comptable et ses ce qui a fait car Sam il est pas bête et il a trouvé très bizard que prune s achète un appartement , une voiture de luxe cache donc il y avait des doutes et ses doutes on était fondé, malgré que les avocat en entreprise ne gagne pas des milles et des cent donc voici le résultat que Noé avait déjà trouvé et il était dans le plus grand secret en relation avec Sam et il ont découvert quel détournée des petites sommes mes aux fils du temp devenais très importantes, et en plus Noé a découvert que sa complice était Annabelle sa meilleurs amis .

- Et la Sam il veut que Noé découvre qui a bien mis le feu dans les bureaux, et il a découvert au bout d'une semaine d'enquête, Noé donne rendez-vous à Sam dans un tout petit studio à paris sous un faux non, arrivé à la porte de l'entrées Noé lui ouvre il l'avait vu arrivée et après enquête et des micros, qu il sont disposer dans l'appartement de Prune, ils sont écoutés l'enregistrement et la surprise voici ce qui a était dit Bonjour ma chérie, comment tu vas ? très bien et toi oui, ça va tu as tout préparé pour détruire les bureaux oui ne t'inquiète pas sa serra un feu accidentelle comment que tu vas faire je vais demander à plusieurs personnes d allée aux bureaux avec des cigares et comme les moquettes sont très facile à bruler.
- Il vont laisser en dessous, les bureaux avant de partir un cigare allumer mes personnes ne va voir sa serra très discret et une fois fait tu pourras récupérer , l'argent de l'agence oui mais il faudra aussi éliminer Sam et Noé pas de problème ma chérie quand Sam va téléphonée, on va lui dire qu'il y a eu le feu donc vous allée rentrer oui et après , après ses simple je vais vous inviter a mangé a la maisons et là on les tuent tu deviens la propre patronne Noé a posé la question a Sam alors tu reconnais la voie de la personne non je ne vois pas, Sam a répondu pas du tout , Noé répondue a Sam je vais te le dire ses la voix d Annabelle, j'ai découvert que Prune et Annabelle était ensemble ses pas des copine ses des sœurs, comment ça oui Sam tu tes fait avoir et fait avoir comment vous vous êtes connues, j était à la terrasse d'un café sa fessait plusieurs fois que je les voyais et un jours pendant les vacances, elle ce sont assissent au a cauter de moi et ses-là que nous avons fait connaissance et le reste tu la connait oui mais le soucis je me suis renseignée elle était bien à la fac pour devenir avocate sa ses vrai mes elle on fait le coup à plusieurs reprises elle espionne et suis la personnes elle regarde si il y a de l'argent et si ses-le qu'a , elle lui font le coup de charme et ensuite elle s arranges de ce retrouvé dans l'entreprise et deviennes

actionnaires de cette boite, et elle provoque tout le monde et paye quelqu'un pour mettre le feux et elle décide de tué Noé et Sam et comme cela elle devienne riche

- Prune et allée au commissariat de police j'ai un ami qui travaille dans les archivent et elle me devait un services je lui ait fait voir des photos et elle sont connus elle sont considérer comme dangereuses comme au temp du far West elle serrais toutes les deux Calamity Jane mes en pire en ce moment il y a un contrat sur leurs têtes une des filles d'une victime a passé une annonces dans le journal pour donner une réponses a tout ce qui les verrais mes surtout on les veux vivant comme au temp du far West Noé demande mes ça fait combien de temp que les recherches dure oh ça fait longtemps ,mes a chaque foi les filles s arranges a ce faire oublier le temp qu il n'ait plus d'argents , mais il y a toujours un avis de recherches et toi aujourd'hui tu nous les as retrouvé et maintenant elle sont ou elle sont avec Sam dans l'entreprise, Sam répondu mes ses pas possible ses bien elle oui Sam ses bien elle mes attention elle sont très dangereuses alors comment on procède , le police et au courant je lui ait fait écouter l'enregistrement donc, il nous demande de les piéger, comment on va faire on va les invite à manger sous le thème d'un nouveaux contrat on n'a besoin d'elle deux mes on les invite au restaurant Sam demande mes a qui appartiens, l'appartement il est à nous sa serra un deuxièmes bureaux il servira aussi au policiers quand on aura besoins d'eux , et pour les deux nanas et bien on attend la police pour nous mètres des micro et hop après nous allons au rendez-vous attend j appel Prune pour lui dire que nous allons au restaurants un nouveau clients nous attend .Sam appel Prune pour lui dire le changement de temp , elle a demandé si Annabelle et invite je lui ait dit oui mais nous avions autre chausse de prévue pour vous ses pas grave une autre foi après le coup de téléphone Prune appel Annabelle et lui explique le changement pour la soirée et Annabelle était mécontente ses pas celle qui avait connu Sam celle-ci et mauvaise Noé et Sam il sont brancher l'enregistreur et il on tout entendus de la conversation il sont mort de rire, on sonne a la porte il ouvrent ses la police tout et près , il passe chercher les filles et il arrivent au restaurants les serveur et le barman ainsi que le faut clients, et ainsi que sa femme il sont tousses de la police, tout le monde a était présenté et il commande, tout le repas ce fait au champagne et il discute du contrat les filles trouvent sa un peu **ennuyeux** elle sont presser que la soirées soit fini et sa traine, il finis a 1HOO du matin et il continue la soirées dans un Pub et après le client et sa femme fond semblant de partir et Sam et Noé prend un dernière verre, chez Prune, Sam et très prudent ainsi que Noé tout ce que les fille leurs serve il le jette délicatement sans que personne ne s'en apercevoir, et la police débarque après qu il ait entendu Prune et Annabelle ce venter, d'avoir ,fait le nécessaires pour avoir empoisonner Sam et Noé , surprise il ne sont pas mort il sont bien vivant sont était arrêter toutes les deux , Sam et persuader qu'il y a quelqu' un d'autres qui est mailler a l'affaire il faut le découvrir, il sont un autre doute il ce rappel qu il y avait un étudiant que prune à présenter a Noé , très timide u peu bizard et il se demande, ou il est-il l'on chercher partout ,il ne l'ont pas retrouvé, oui je sais qui ses mes non son père et policiers et le soir il travaille, en plus de ses études ses quelqu' un de sérieux alors qui on va trouver au bout d'une semaine il sont enfin le coupable ses le comptable tu en ait sur oui Sam alors il faut le faire venir ses fait il a rendez-vous avec nous samedi à 11hoo, la police a fait le nécessaire pour prévenir le Mari de Annabelle et nous on les attend avec toutes les preuves .

- Sam en avait Marre il a décidé de laisser faire les Policiers , Noé a décider avec Sam de fermé toutes les agences provisoirement et il demande a Noé d allée passer des vacances aux Canada et il reprend contact avec Guy et le propriétaire du café restaurant et qui nous avait servie de guide et il nous avait fait connaitre Guy i l sont investi dans des supers appareille photos et Noé va découvrir le Canada, Sam réserve un jet privé et il dit a Noé tu serra près quand tout de suite si tu veux j'ai j uste un sac de voyage a préparer , non on achètera sur place et je te ferais découvrir nous nouveaux bureau , Noé lui répond mes alors que fenons nous pour nos agences Sam ses simple, ses toi qui va rester au canada si tu veux bien et moi je serais à Paris j'en ai marre alors d'accord pour moi mes ses moi qui allée choisir le personnelle au canada ok dit Sam, mais en attendant place au Canada et je vais demander à Guy de nous faire découvrir les

Ours Blanc a bon oui Noé, mais il se trouvent où d après Guy il se trouvent dans la région de Yukon, dans les Territoires du Nord-Ouest, dans le Nunavut, au Manitoba, en Ontario, au Québec ainsi qu'à Terre-Neuve et au Labrador.je sais qu il sont protéger et on pourra les prendre en photos sa il faudra voir la bas nous allons rester combien de temps au Canada, Un ans a oui tu as déjà trouvé un appartement sa ses pas un problème je demanderais au propriétaire du restaurant de nous trouver un appartement en achat sa serra pour toi sa serra un appartement de fonction uniquement on l achètera avec les bénéfice que nous aurons réalisé sa ses une bonne idée Sam alors nous somme prés oui Sam alors en route pour le canada ça va être génial , on prend le jet et nous somme arrivé au canada entre temp Noé à donner son n de téléphone à la police pour l'enquête, Sam amène voir Noé au propriétaire du café restaurant et ami, et il y avait Guy, et la c était la joie et il sont dit qu il ester un ans ou plus dans cette belle région il sont demande à Guy de leurs faire découvrir ou ce trouvais les ours blanc , Guy lui répond tu veux aller j' us

- Qua Yukon oui ses ça, nous avons pris nos appareille photos oui mais attention ils sont protégés, oui on ne le sait pas de photos publiées ses que pour vous, pourquoi alors Guy répond que dans les Territoires du Nord-Ouest, dans le Nunavut, au Manitoba, en Ontario, au Québec ainsi qu'à Terre-Neuve et au Labrador. L'ours polaire est important pour les Inuits, aussi bien d'un point de vue culturel que d'un point de vue économique. À la suite du changement climatique qui continue à diminuer son habitat de glace marine, l'ours polaire est de plus en plus menacé, oui sa nous savons, il mange quelle nourriture que les ours mangent, Guy répondue L'ours polaire se nourrit principalement de phoques Marbrés et, à un degré moindre, de phoques barbus. Il apprécie également les phoques communs, les phoques à crête et, à l'occasion, les morses et les baleines blanches (ou béluga). Il attrape les phoques (*voir* Phoque et otarie) quand ceux-ci refont surface dans les trous d'aération, pourchasse les phoques pèlerins entrainés au large sur la glace marine et capture les phoques marbrés directement dans leurs tanières. Dans les régions comme la Baie d'Hudson, la glace marine fond complètement chaque été, forçant ainsi les ours à se retrancher sur la rive et à attendre que la glace se reforme. Sur terre ferme, l'ours polaire puise dans ses réserves de graisse l'énergie dont il a besoin. Même s'il y mange des baies, de l'herbe et d'autres aliments, ce type d'alimentation ne lui fournit pas un apport nutritionnel important. Il se reproduise comment L'ours polaire atteint la maturité sexuelle vers l'âge de 4 ou 5 ans. Les accouplements ont lieu sur les glaces marines en avril et en mai. Les œufs fécondés ne se fixent pas avant la mi-septembre ou la mi-octobre. Les oursons naissent généralement dans une tanière aménagée dans la neige, sur la terre ferme, entre la fin novembre et le début janvier et pèsent moins de 1 kg. Selon l'endroit, les mères et les petits quittent les tanières entre la fin février et la fin avril pour retourner sur les glaces marines. Une portée compte généralement un ou deux oursons ; les portées de trois oursons sont rares. Les oursons sont sevrés vers l'âge de 2 ans et demi. Houa on va les voir demain oui on ira nous sommes pour la protection et on sait que ses des espèces menacer, La protection des ours polaires est régie par l'Accord sur la protection des ours polaires de 1973, signé par les cinq pays où l'on retrouve l'ours polaire, soit le Canada, le Danemark, la Norvège, les États-Unis et l'ancienne Union soviétique (maintenant, la Russie). Dans le monde entier, l'ours polaire est une espèce « vulnérable » et se trouve sur la liste rouge des espèces menacées de l'Union internationale pour la conservation de la nature (UICN). Le Comité sur la Situation des Espèces en Péril au Canada a a inscrit l'ours polaire sur la liste des espèces « préoccupantes » au Canada oui en France j'ai regardé et je me suis documenter sur les Ours et autres animaux et nous avons contacter la protection et nous avons eu le feu vert pour faire un article avec des photos mes nous avons peur que les braconnier ne respecte rien si il regarde nos photos , s'est pour cela il nie aura aucun document que pour le plaisir des yeux , nous sommes arrivé à Houa, et là je ne vous en parle même pas ses un endroit magnifique nous avons vue des Ours blanc avec leur petit ses superbe encore plus beaux que sur les photos nous avons vu une maman ours avec son petit nous sommes tombé à la renverses quel beaux paysage mes la journée et fini et nous avons respecté le site aucune photo Ny de vidéo, j'ai demandé à Guy comment on fait pour aller à l'hôtel des glaces nous voulions voir et dormir la basses une française et qui vie au canada qui vie au canada qui nous en na parler oui ses vrai que ses magnifique a répondu Guy tu pourrais nous en parler si tu connais a oui je connais très bien j'ai dormis a l'hôtel des glace alors ses vrais avec Noé nous voulons le faire tu pourrez nous en dire un peu plus sur cette hôtel oui répondu Guy, L'*Hôtel de Glace* a ouver, avec seulement 11 chambres l a été construit dans le parc de la Chute-Montmorency, dans la banlieue de Québec. Dès le début du projet, les concepteurs avaient prévu un déménagement vers la station touristique Du Chesnay, où il s'installe de 2002 à 2010. En 2011, l'hôtel déménage à nouveau, cette fois pour Charlesbourg[1], où il restera jusqu'en 2015. En 2016, il s'installe au Village vacances Valcartier, au nord de la ville de Québec, et compte 44 chambres et pour la Construction, au-la il faudrait que vous vous renseignée sur sa construction voici ce que j'ai lue Construction, L'hôtel est reconstruit chaque année en décembre. Il faut environ un mois et demi à une cinquantaine d'ouvriers pour achever le chantier. L'hôtel produit sa propre neige, permettant ainsi de contrôler le degré d'humidité de cette dernière. La neige est projetée sur des moules en acier, et après quelques jours de prise, les moules sont retirés. La construction de l'ensemble du complexe nécessite environ 30 000 tonnes de neige et 500 tonnes de glace. Les murs peuvent faire jusqu'à un mètre vingt d'épaisseur. L'ouverture a lieu durant les premiers jours de janvier. L'hôtel peut alors être exploité pour une période de trois mois, avant d'être fermé et démonté en avril, je vous le respecte ses ce que j'ai lu Même si le plan de l'hôtel peut changer d'une année sur l'autre, il est essentiellement constitué d'arches de 5 mètres pour les chambres, et d'espaces plus importants en largeur et en hauteur pour le grand hall, la chapelle, le bar de glace et la « Grande Glissade ». Seules les salles de bains, situées dans un local séparé, sont chauffées. Le mobilier de l'hôtel est composé de glace. Les lits sont construits en glace, et recouverts d'un sommier en bois et d'un matelas confortable. Chaque client se voit remettre un sac de couchage, une couverture isolante et un oreiller. Le bar sert boissons froides et cocktails dans des verres de glace, L'hôtel est considéré comme un site touristique à part entière, et le projet est soutenu par le ministère du tourisme du Québec. Des visites guidées sont possibles en français et en anglais tous les jours de la semaine, et l'hôtel est par ailleurs ouvert au public[9]. En 2005, l'hôtel a hébergé plus de 70 000 personnes[7]. À la fin de la saison 2013, l'hôtel revendiquait plus d'un million de visiteurs et 43 000 clients tu voie Sam et Noé vous pouvez vous mariée a bon il fon aussi pour le mariage je serai intéressée sa ses une excellente idée L'hôtel possède une chapelle, dans laquelle des mariages sont célébrés. L'*Hôtel de Glace* a été cité parmi les « 10 destinations de rêve pour se marier »À la fin de la saison 2016, plus de 200 mariages avaient été célébrés à l'hôtel, Tout ce que Guy nous a fait découvrir on voulait rester déplus en plus aux canadas et nous avons envie de nous trouver une femme sérieuse mes a la place d'une femmes nous avons fait la découverte tout à fait parazard derrières les poubelles et qui avait froids et fin un petit chien tout mignons mes malheureux on la récupérer et ses Noé qui la garder le temps pour moi de revenir à paris , nous avons téléphoner pour savoir comment se passe l'enquête elle suis sont cours , donc tout ce passe pour le mieux Noé a réservé une table au restaurant, il a rencontrées deux française qui habiter paris dans le deuxième arrondissement elle était là pour les vacances, elle sont plus que deux jours et après elle reparte mes Sam et Noé reste très prudent elle pose la question vous faite quoi dans la vie SAM répond avec Noé nous somme étudiant vétérinaire a bon répondue une des jeune femme et Sam lui répond pourquoi nous faisons très vieux non pas du tout mes vous ne fait pas étudiant a bon on fait quoi je dirais rentier ou chef d'entreprise , a non nous sommes vraiment étudiants, et vous nous faisons des étude pour travailler dans les agences de voyage ou alors hôtesse de l'aire, ou vous avait pas peur en avions non pas du tout nous sommes toutes les deux très jeunes vous avait quel âges nous avons 19 Ans et vous idem non je ne vous crois pas vous avait raison nous avons tous les deux 24 ans et nous sommes amies depuis tout petits mes on fait attentions, moi je dois rentrer sur paris si vous voulez on pourrez voyager ensemble vous rentrées bien dans deux jours à paris oui répondue les deux filles, ont ce met d'accord mais vous n'avait pas pris les billet non on n'attendait notre tantes doit nous envoyer l'argent et vous bien nous on n'a réservé un jet privée ah oui vous avait les moyen non pas du tout j'ai mon oncle qui loue des jette privé et celui si était réservé et payer mes au derniers moment la personnes a eu un empêchement et comme mon oncle connait très bien la personne ils ont conclu un marché a bon le quel IL doit faire de la garde de chien non plus précisément ses nous que l'on doit s'occuper des animaux sa villa ce trouvent au canada et le client revient à la fin de la semaine donc moi je rentre et 4 jours après ses Noé et le client et content, d'accord on vous prend au mot ses d accord mais je veux vous donner de l'argent Sam répondu non je n'accepterai pas et moi tout seul dans l'avion j'aime pas ça vous me tiendrais compagnie, Noé me dit tu abuse fait attention à toi tu ne les connais pas rappelle-toi Prune et Annabelle a oui celle-là je les avait oublié oh faite tu as appelé paris ,oui il m' attendent pour une réunions et pour faire le point, Noé tu as des nouvelles de l'enquête oui j'ai reçus un fax alors, le contable a était arrêter il avait tout organiser nous avions bien eu raisons, oui mais en plus il y a 3 personnes de la boite qui était de mèche avec Prune , Annabelle, et le comptable il sont tousses passée au aveux , Sam et toujours au Canada avec Noé suite à la rencontre avec les deux filles et avant le départ, une des fille a fait une surprise a Sam, elle n'avait pas dit quel avait un brevet de pilotage , a vrais dire toutes les deux elles sont leurs brevet et elle ce sont mis d'accord pour leur faire faire un baptême de l'aire mes sa il ne le savait pas , les deux demoiselle donc les prénom sont Natacha, et Elehonore, ont demandé à Sam et a Noé de venir avec elle pour faire un tours elle sont dit que c'était une surprise pour les remercié mes surtout vous venez simplement on passera vous chercher , Elehonore, vient chercher les deux garçons elle les amène dans un grand hangar avec des vieux avions comme Sam.

- Les aimes , il demande s'est une belle surprise mes oui très cher vous allée voir une autre face de notre passions a toutes les deux ses quoi allez monter mes ou est le pilote devant vous je suis pilote ah non je ne monte pas la dedans ah si vous monter faite nous confiance bon d'accord Sam tu monte avec moi et Natacha avec Noé, mes depuis quand vous avait votre brève ne chercher pas Sam accepte de monter et ainsi que Noé il von découvrir pour une fois dans leurs vie le monde et surtout le canada un effet de liberté, Ce fondre dans le ciel, comme un pied de nez au réel, pour la durée du vol m'enivrer du plaisir Elehonore demande a Sam alors Sam comment que tu te sens, j'adore ses génial simple de ne plus être qu'un petit point suspendu quelque part loin de tout. En vol je ressens une sorte de plénitude, un subtil équilibre mental et physique ou le vol par la beauté des paysages traversés, la maitrise technique et la subtilité du pilotage de Elehonore font naitre d'improbables émotions. J'aime lire cette harmonie indescriptible, ce bouleversement intérieur qui brille parfois dans les yeux de celui qui vient de se poser, qu'aucun mot ne peut réellement formuler mais qui se partage d'un simple regard. Ces rencontres qui ne se racontent pas mais qui trahissent un simple mais très profond bonheur.et Noé lui il est transporter dans un autres monde elle sont plier de rire on dirais deux enfants qui découvrent un nouveaux jouée Elehonore demande a Sam de prendre les commandes mais je ne sais pas répondue Sam mes si tu vas voir, ses très simple et je suis là, ce que tu ne sais pas depuis toute à l'heure on vol je ne suis pas aux commandes, allée Sam, courage je te passe les commandes tu es près Sam répond non je ne suis pas prêt allée courage je te passe les commandes et avec l'aide de Eléonore, tout ce passe très bien il est vraiment très douées et il adore cela il doivent atterries c'était un très beau cadeaux arrivée en bas SAM et Noé était au ange et il sont rentrées dans un entrepôt il y avait du champagne des petit fours frais des petit canapé il demande pourquoi ses pour fêter ce premiers vol et alors comment ça va on veut recommencer a oui je vous propose autre chausse mes vous allée pas aimer sa serra une autre surprise on aime les belle surprise alors rendez-vous demain à 10HOO issis mes attendant nous allons profiter de cette soirées issis et après on rentre nous avons une question ou avait vous appris à piloter ses mon grand-père et ses a lui tout sa votre grand père était pilote oui il est encore un pilote mes il adore les vieux coucou il nous a appris cette passion des vieux coucou nous sommes cousine a oui on ne vous l'avais pas dit non, mais vous vous êtes pas étudiants tous les deux la vérité non pas du tout nous sommes détectives privée et nous avons plusieurs bureaux dans le monde entiers et pourquoi avoir dit que vous étiez étudiant on ses fait avoir avec deux nanas ses pour cela que nous étions très prudents. Le lendemain rendez-vous issis la surprise ses un saut en parachute

- . Sam ne sautera pas en parachute ni Noé on les attend de toutes urgence à Paris suite à l'enquête et le contrôle fiscal, ils sont obligés de quitter la canada et mauvaise surprise ils ont tout perdu Prune et Annabelle ont vidée tous les comptes des agences, tout ce qui reste à faire ses de vendre toutes les Agences et ses ce qui sont fait et aujourd'hui il travaille tous les deux dans le club d'aéronautique avec Eléonore aux canadas
- Prune et Annabelle et le comptable sont condamnait a une forte peine et a restituer tout l'argent qu'il avait prix. En espèrent que mes aventures vous ont plus. Avec les drames, les rencontres, les voyages, les recherches, les agences de détectives
- FIN
- FELINA

Printed by Books on Demand GmbH, Norderstedt / Germany